# 強運

## あなたの運がドンドンよくなる

LUCKY FORTUNE Four Basic Principles to Make Fortune Roll Your Way

ツキを呼び込む四原則

Toshu Fukami
深見東州

# はじめに

世の中には、なにをやってもうまくいく「運のよい人」と、なにをやっても失敗ばかりする「運の悪い人」がいる。

同じ人間なのに、どうしてふたつに分かれてしまうのだろうか？ これは誰しも抱く疑問である。そして、いつも失敗する人は〝もっと運がよくなりたい〟と願い、順風満帆の道を行く人は〝さらに大きな運をつかみたい〟と思っている。つまり、みんな「運をよくしたい」のであろう。

では、運をよくするためにはどうしたらいいか。

結論はひとつ、それは「運勢」をよくする以外ないのである。「運勢」とは文字どおり、その人が持っている運命の勢い、である。

私は心理学者でも精神科の医者でもないので、「運勢」をよくするための心理学的アプローチについてはわからない。ただ、少年のころから人一倍〝霊的能力〟といわれるものが強く、今では修業の甲斐もあって、人々の守護神、前世といったものまで〝見える、写せる〟ようになった。その結果、運勢は、こういった目に見えない世界に住むパワーを持った霊たちに大きく影響されていることがわかったのである。

したがって、この本はそういった視点から書かれている。

ここぞというときに、いつもホームランをかっ飛ばした長嶋茂雄氏、軽量のハンディキャップを見事に乗り越えて大横綱になった元横綱・千代の富士（現・九重親方）、貧乏で体が弱いながらも、世界的大企業を作り上げた故・松下幸之助氏。いずれも巨大な運勢を背景にして功成り名を遂げた人々だが、私からみると、とりもなおさず運勢を導いた霊たちがいて、彼らのガードやアドバイスがあって初めて成し得たことのようにみえる。もちろん、本人たちが努力してこうした善霊たちを呼び集めたことも事実だ。

このように、運のよい人、運勢の強い人には必ず強力な善霊がついていて、本人も努力している。ポイントは、自分の努力をいかに大運勢に結びつけるか、だろう。そうしなければ、せっかく頑張ったのに、その努力は無になる。

本書は、善霊を呼び集めるための方法や心構えを通して、いかに強烈強大な運勢を自らのものとするか——そのテクニックについて記している。

できるだけ、オカルトチックな雰囲気を取り除き、わかりやすく書いたつもりであるが、至らない部分も多々あるのではないかと思う。書き足りない部分は、機を改めて説明することとして、この本が、多くの人々の運勢向上に多少なりとも役立てばと、念ずるものである。

深見　東州

本書は、弊社から発行されているＢ６判「強運」の、上製装丁版です。

強運 ―― もくじ

## 第三章　このひと言を信じて運は大きく開ける……119

## 私はコレで幸運をつかんだ 168

## 第四章　「星に祈る」ことの本当の意味は……193

本文イラスト——須田博行

# 第一章

# ツキを呼ぶ人はつくべくしてついている

# 運命は自分で開くしかない

## いつもうまくいく人、いかない人

なにをやっても運よく成功する人と、いつも失敗に終わる人がいる。一見同じような彼と自分なのだが、彼はやることなすことすべてうまくいくのに、自分はいつもあと一歩というところでトラブルが発生してしまう――こんな経験は誰にでもあるだろう。

「なぜ彼はついていて、自分にはツキがこないのか」

この疑問は、失敗を数多く体験した人ほど、強烈であり、

「自分もツキ、運をつかみたい」

と痛切に願っている。もし、彼以上のツキを自分の運勢の中に取り込んで、大躍進する方法があったらどんなに幸福なことか、と常に思い続けるのが、一般人の姿であろう。

実際、運がつく秘訣というのはあるのだろうか。

本書の狙いもここにある。いかにして、すぐれた運勢を自分のほうに引き寄せるか。

あるいは、不幸のタネを未然に摘み取って、災難から自分の身を守るか。それが本書のテーマなのである。

確かに、なにをやってもうまくいく人と、そうでない人の間には、目には見えないが、非常に大きなギャップがあることに気がつく。そのギャップというのは、運が確実によくなるある一定の〝原則〟を身につけているか否かの差なのだ。

実は、運がつく、つかないの違いは、この〝原則〟をどれぐらい自分の行動の基本にしているかどうかによって決定される。

逆にいえば、運のつく原則さえ身につけていれば、誰でも強力な運勢を自分のものにすることができることになるのだ。

「彼は、ただなんとなくツイている」のではなく、注意深く見ていると……

「彼は、つくべくしてツイている」

ということに気がつくだろう。これに気がつけば、八〇パーセント以上成功したといえるだろう。あとは、自分も、〝つくべくしてツク〟その原則を身につけて、そのとおり実践すればよいのである。

本書では、幸運をもたらす原理原則を本人の潜在能力と神霊界的視点からとらえている。そして、実際に幸福になるためのハウツーも紹介しているので、あとはこの本を読んだあなたが、それを実践するかどうかだけである。

## クヨクヨせず、明るく前向きに生きる

幸運に恵まれている人間というのは、根が明るい。人生を深刻ぶってジメジメ考えない。そして、なんでもかんでも自分のプラスになるよう考えるのが得意という人が多い。「失敗しても、それは次回大きな成功を得るための貴重な体験」ぐらいにとらえ、文字どおり〝失敗は成功の母〟と考える。つまり、どんなことでも、自分が人間として、大きく成長していくための〝スプリングボード〟（跳躍台）としてしまうのだ。こうすることで不思議なことに失敗は失敗でなくなり、すべてが成功への糧《かて》となってしまう。実際、成功者というのはこのパターンの中で生活している。

人間だから、失敗したり運に見放されてしまったようなときは、憂うつになる。だが、そう心の中で思ったとしても、態度や言葉にあらわしてはいけない。

「俺はダメだ、ツキがない。いつもこうなんだ！」

などと口に出してしまうと、さらに悪い運勢がやってくる。本来の〝運命スケジュール〟では、失敗のあと大成功が予定されていたのに、本人が〝もうダメだ〟とあきらめてしまうと、大成功スケジュールは急きょキャンセルされることにもなりかねない。

だから、たとえ気持ちは落ち込んでいたとしても、口では、

「必ず大丈夫。成功する。ボクにはそういう強烈な運勢がついているんだ」

と唱えることにしよう。そうすると、自分自身の言葉に励まされ、活力が湧きあがってくるものだ。また実際に、よい運勢を招来させることができる。

幸福や幸運は、向こうから転がり込んでくるのではなく、こちらから引っぱり寄せるのがコツだ。あるいは、こちらから近づいていくようにすれば、意外と簡単に幸運にタッチすることができる。幸福とは本来そういうものなのである。

人生を前向きに明るく生きようとすると、次のような〝効果〟が生まれてくる。

①表情が明るくなり、多くの人々から好感を持たれる。

②言葉や行動に積極性があらわれ、なんでも進んで成し遂げようという気持ちになる。

③友人が増えるので、金運、対人運が向上する。

④多くの人々の援助を受けることができるので、成功率がグーンと高くなる。

⑤人生が最高におもしろくなる。

というわけで、とにかくハッピーな気持ちにひたることができるのだ。そして、これがすなわち、幸運なのだ。

## 大きく開かれる成功の道——横綱千代の富士と松下幸之助氏の場合

大相撲の元横綱、千代の富士関の例をみると、どんな人にでも必ず成功のチャンスはあるものだ、ということがわかる。

千代の富士は幕内力士のなかでも軽量の部類に入っていた。しかし、あの怪力と技で、二五〇キロの体重の小錦の巨体を、ゴロリと転がしてしまう。今でこそ、前みつを取って引きつける形の、千代の富士特有のスタイルが完成されたが、以前はそうではなかった。

あの軽量な体で、大型力士と平気で四つ相撲を取っていたのだ。当然、肩などに無理がきて、なんと左肩だけでも七回脱臼したという。相撲取りにとって、肩の脱臼は致命的なハンディキャップとなる。いつまた脱臼するかわからないので、一〇〇パーセントの力を出せない。

昭和五四年春場所に右肩を脱臼した千代の富士は、その場所を休場した。ところが、公傷制度が適用されず、なんと次の場所は幕内から十両へ落ちてしまう。発奮した千代の富士は、十分な稽古もしないまま土俵に上がったが、幸運にも勝ち越して一場所で幕内に返り咲くことができたのだ。

「これはツイている！」と思った千代の富士は、相撲スタイルをそれまでの四つ相撲から前みつを取って引きつける形に変え、必要な筋力を得るため、バーベルなどでトレーニングをしたという。

軽量、脱臼という大きなハンディキャップを背負いながらも、横綱まで登りつめた千代の富士。成功のカギは、軽量、脱臼をどうカバーするかという前向きな姿勢。そして、十両転落を一場所でクリアーできた幸運を、なんとか自分のものにしようとする努力と行動だったようだ。

誰でも、多かれ少なかれ、世間一般の目で見ればハンディキャップと思われる部分を持っているものなのだ。

あの故・松下幸之助氏も、自分が出世できた大きな理由に、

①貧困

②学歴のないこと

③体が弱かったこと

の三つをあげている。どういうことかといえば、①貧困は生活の貧しさゆえに、少しでも便利で豊かな生活を送りたいと願ったこと。②学歴のないことは、既成概念にとらわれず、それによって人一倍勉強をして経営を学んだこと。③体が弱かったことは、全部の仕事を自分でこなせないので、いち早く事業部制を取り入れ、さらに多くの子会社を設立して製造、販売を効率化したことである。

千代の富士関、松下幸之助氏の二人の生活環境は大きく違うものの、共に、大きなハンディキャップを自分の〝エネルギー源〟として、最高峰を極めたパターンは同じだ。

大切なのは、なんでも前向きに考え、運命や運勢に対して背中を向けてしまわないことだ。長い人生、失敗も成功もある。チャンス到来と見たら、猛烈に運勢にアタックしてみることが重要だ。

## 今日からこの心掛けでツキをつかむ――長嶋茂雄氏の場合

千代の富士、故・松下幸之助に次いで、今度は元巨人軍のスーパースター、長嶋茂雄氏を通して、いかにツキをつかむかを説明してみたい。

今でも語り草となっている、昭和三四年の初の天覧試合。長嶋選手は観衆のド肝を抜く、逆転サヨナラホームランをかっ飛ばした。ここ一番というときになると信じられないようなパワーを発揮した彼だが、それにはこんな秘密があったと伝えられている。

大事な試合の前日、彼は寝床に入ると、明日の試合を頭の中で描いてみる。そして、必ず大事な場面でホームランを打ち、みんなの歓迎を受けるシーンを予想する。さらに、その夜、家に帰ってきて、奥さんや子どもから祝福され寝床につく自分。ちょうどマル一日分の行動予定を想像し、

「必ずそうなる」

と念じてのち、安らかな眠りについたというのだ。

野球はもちろんのこと、あらゆるスポーツは、メンタル（精神的）な要素が、勝敗を決定することが多い。いや、スポーツばかりではない。ビジネス社会のなかでも、メン

タルな要素は重大だ。

ここ一番というときになって、急にものおじしたりすると、本来自分が持っているパワーを一〇〇パーセント発揮できないことが多い。逆に、リラックスして、一点に精神を集中することができると、パワーは一二〇パーセント以上発揮できるものだ。

また、潜在能力の他に、強い運勢をも呼び込むことができるようになると、一〇倍、二〇倍の力を出すことも可能だ。そのためには、長嶋氏のように、絶えず「必ずそうなる」という思いを、具体的な場面、状況を頭に描きながら信じ込むことが大切である。

そうすると、自分がいざその場に立たされても、変に気を動揺させることがなく、考えたとおりの力を発揮できるのだ。

ところが逆に、

「大丈夫かな。心配だな。失敗するんじゃないかな」

と始める前からマイナス的イメージを強くして、心に不安を与え続けると、いざ本番のときになって、緊張のあまり大失敗をやってしまうことが多いのだ。

その点、長嶋氏は自分がヒーローになって、家に帰り就寝するまでを想像していたのだから、やはりすごい。強い運勢が彼を取りまいていたことは間違いないだろう。

このように、ツキというものは自分からつかむべきもので、他の誰かから与えられるというシロモノではないのだ。

「天は自ら助くるものを助く」

のたとえどおり、まず自分がツキ、運の中心ポイントに立っていることを忘れてはいけない。そして、絶えず自分の潜在能力を一〇〇パーセント以上発揮できるよう、人生を前向きに生き抜く心構えが必要だ。

そうすれば、来るな！　と言っても、幸運は怒涛のごとく押し寄せてくるだろう。

大切なのは、そういった日頃の心構えだが、自分自身が、現在どれぐらい強運を呼び寄せることができるかを知るためのチェックリストを五六ページ以下に掲載したので、大いに参考にしていただきたい。活用しだいでは、性格も明るくなり、人生が楽しくなるはずである。

さらに、もうひとつの本書のポイントである神霊界パワーも動員することができるようになると、運勢はそれこそ爆発的に向上する。

瞑想や精神統一で潜在能力を発揮する場合に比べ、神霊界が本人に働きかけて顕在化するパワーは、その一〇倍も二〇倍もの量になるだろう。

私は十代のころから神霊界の研究を続けてきた。そのなかで、人は死ぬと霊になることと、霊界の上に神々のいる神界の存在することなどが明らかになった。

この本に関連することだけを述べれば、どんな人にも、その人を幸運に導く霊（守護霊と呼ぶ）がついているということである。この本では神霊界、守護霊の存在を信ずる観点から、日々の暮らしのなかでツキ、運をつかむために留意すべきことを解説してみた。

守護霊は多くの場合、その人の先祖のなかで十代以上前の霊格の高い霊である。霊格が高いとは、生前、学問を修め、行いも正しく世の中の人々のために尽くし、死後もそのために高級な霊界にいる、ということである。僧侶、武士、学者などであった人が多いようだ。

実は、私たちを守っている霊は複数いるのが普通だ。その代表を守護霊と呼ぶのである。

# ツキを呼び込む四つの原則

## ①運の強い人と積極的につきあう

いろんな友だちが身の周りにいる。注意深く観察してみると、前述のように運勢のいい人と、そうでない人がいるのに気がつくだろう。運勢のよい人というのは、ものごとをいつも最後までやり通す強い意志を持ち、考え深くていつも朗らか、周囲の人を飽きさせず、笑いが絶えない。こういう人とつきあっていると、自分自身も運勢がよくなってくる。逆に運のよくない人はどうかといえば、陰気臭くていつも消極的。「だめにきまってる。やるだけ無駄だよ」と、決して自分からなにかをやろうとしない。そのくせ、ものすごく批判的で、人の悪口は平気でペラペラしゃべる。この人のグループに入ると運勢が悪くなり、ロクなことにはならない。

運勢のよい人、悪い人を神霊界から眺めるとどうなっているか。運が強く勢いのある人は、その人が中心で明るく輝いており、周囲の人々をその明るいウズのなかに巻き込もうとしている。なんでも積極的にやろうとしているので、守護霊も一緒になって「やろう、やろう」と賛成、全面的協力態勢を整えている。悪霊などが入り込む余地がないので、いつも神々しい霊気で満ちあふれているというわけだ。それで、本人の守護霊団、友だちの守護霊団のお手伝いもあって、運勢がどんどん招き寄せられるわけである。傷ついた心を持った人が、こういう人のところにやってくると、不思議と傷は癒され、元気が湧いてくる。「やればできるんじゃないかな」という気がして、なにごとにも前向きに取り組んでいこうとする。つまり、プラスの方向へ気持ちのチャンネルが切り替わるのだ。逆に運勢の悪い人は、周囲がドロ～ンと暗く、人々の運勢の炎を吹き消そうとしている。行動的でなく、やる前からすでに結果を気にしており、しかも、予想している結果はいつも「凶」。つまり、最悪になると考えている。ところが、本人は自分のことを「慎重な人間」などと思い込み、それが一番いいんだと確信している。〝世の中、そんなにうまくいくわけがない〟と悟りの境地である。

人生を前向きに生きようとしないので、守護霊の働きはどうしても鈍くなる。したがって、悪霊からのガードも弱くなりがちで、どちらかといえば、悪霊リード型性格に陥ってしまう。こういう人物の仲間になると、悪霊運勢の影響を受け、ものごとを批判的に見るようになり、人をほめることより、悪口を言うことのほうが圧倒的に多くなる。霊的な輝きは消え失せ、表情も自然と曇りがちになる。「世の中の苦しみを、自分が一人で背負って頑張っているのだ」という、まるで、資金ぐりのよくない中小企業のまじめ社長の表情である。

人とつきあったり、友だちを選ぶ場合、相手が「善霊（守護霊）リード型性格」なのか、「悪霊リード型性格」なのかを、きちんと見極める必要があるだろう。自分の運勢をよくしようと思うなら、悪霊のほうには近づかず、善霊グループと数多く接触することだ。できれば、自分自身が善霊グループの中心的な存在となり、「善霊の輪」を周囲にどんどん拡げていくぐらいの覚悟を決めたい。そうすれば、運勢は飛躍的に向上する。善霊の発する〝気〟が、ものの見方、発想、体調、人脈などすべての面において、向上発展するほうへ〝気運〟を向けるからである。

## ②ツキのある場所を選ぶ

人間がつくり出す、善霊の輪の一員になってしまうのも方法だが、強力な善霊がいる神社などの場所に行って、善霊エネルギーを充電するのも手だ。

研ぎ澄まされた霊能力の持ち主なら、どの場所が霊的に高いのか、〝一目〟でわかってしまう。近くに霊能力者がいたら、一度聞いてみるのもいいだろう。

しかし、普通の人でも、その気になればピーンとくるものだ。なんとなく、きたならしくて信心が感じられない神社やお寺はやめたほうがいい。空気も澄んでいて緑も多く、いるだけで気持ちがいい神社なら、まあ大丈夫だろう。祈願すれば、かなえられることが多い。雰囲気だけではどうもわからない、という人のために判断基準を教えよう。

神社やお寺に限らず、神様や仏様を祭っている場所に出かける場合は、

①神主、僧侶などに真心や清潔さがあり、目がスッキリ澄みきっていて、駐車場や結婚式場、幼稚園などの経営に執着していない。

②周囲や内側がきれいに掃除されている。

③玉砂利などがあり、コンクリートで土面が覆いつくされていない。

④多くの樹木が植えられている。

⑤社《やしろ》の周囲にいかがわしい施設（たとえばラブホテルや歓楽街）がない。

などをチェックする。不適当だと思われたら、そこには高い霊気、運勢はないものと

考えてさしつかえない。よい条件がきちんとそろっていると、次のような「気」を体に感じる。

①すがすがしい〝空気〟が漂っている。

②発展的な気分になる。

③全体がとても明るい雰囲気である。

先の五つの判断基準と、三つの「気」から、おのずと運勢の強い場所は見えてくるだろう。こういうところには、文字どおり「気運」が渦巻いており、ご神霊も宿っている。近くに寄ったら必ず参拝したい。

「気運」が盛り上がっているのは、なにも神社や寺ばかりではない。同じ駅前商店街なのに表側はものすごく発展し、裏側はさびれる一方、というケースをよく見かけるが、これもやはり「気運」のなせるワザだ。表側商店街へ買い物に行けば、強い運勢を自分のものにすることが可能だ。それは土地の霊気に加え、往々にしてその商店街の奥に森厳な森があったり、立派な神社の神霊がいらっしゃる場合が多いからである。

逆の場合は、次のような「気」を感じる。「おどろおどろしい」「暗い雰囲気」「消極的な気分になる」の三つ。これを神霊界から見ると、悪霊、邪霊などが巣食った状態であ

る。ちょうど、家主がいなくなった家と同じで、キツネやタヌキ、ネズミなどが住み着き、おまけに指名手配中の凶悪犯までが隠れている、といった感じで、できることならそんな場所には足を踏み入れたくない。

しかし、こうした悲劇的な状態になっている神社やお寺に、友人の結婚式やその他の事情でどうしても出向かなければならなくなったらどうするか。形の上だけでも、神殿に手を合わせる必要が生じたらどうするか。そんな場所で、自分の幸運や利益を願ったら最後、我利我利亡者の悪霊たちが一斉にやってきて、頭や肩、腹、腰などにピタ――ッとくっついてしまう。だから、決して「自分の願い」をかけてはいけない。

一番いい方法は「どうぞ、この神社が発展しますように」と祈るか、さもなければ頭だけ下げて願いをかけないようにすることだ。そうすれば、悪霊たちも体にくっついたりはしない。

どうして悪霊たちの棲み家になってしまうのかといえば、ご神霊を軽んじて金もうけだけに走ったりするからだ。ご神霊も自分が金もうけのダシに使われては、いたたまれない気持ちだろう。そういう神社やお寺からさっさと抜け出し、神界へ戻られてしまう。最近は、ご神霊の宿っていない、「空き家神社」や「空き家寺院」が増えてきたので、参詣はくれぐれも注意するようにしたい。

そもそも、ご神霊とは、清く正しく、真心をこめた人々の素朴で美しい想念（思い、考え）に宿るもの。決して祝詞《のりと》や経文の字句に宿ったり、来たりはしないのである。そのあたりを考え違いしてはいけない。

そこで、安心してお参りできる神社を教えておこう。それは〝一の宮〟といわれる、地域で最も格式の高い神社。たいていは、産土様《うぶすな》がそこにおられる。産土様とは、出産、結婚、死後案内はもとより、日常の生活と仕事全般にわたり、直接働いておられる神様である。しかも、そのパワーは強大だ。「遠くの親戚より近くの他人」というが、この場合は「遠くの高級神社より近くの土地神・産土様」ということになるだろう。

この産土様は、私たちが生まれるずっと以前から、その地域の人々を守り、そして導いておられる。新しくその土地に引っ越してきた人も、先祖代々住んでいる人も、同じ産土様の管理下にあるわけだから、機会をつくって、気軽に詣《もう》でてみたい。

## ③整理、整頓、清掃、清潔で収益日本一になったトヨタ

ツキに見放されている、いまひとつ運勢に迫力が足りない――という人は、自分の部屋や家がきちんと整理整頓されているかどうか、チェックしてみよう。「部屋をきれいにしろ、なんて、母親みたいなこと言わないでくれ」と思っている人もいるだろうが、この場合はどう考えても、お母さんのほうが正しい。

雑然とした部屋で毎日生活している当の本人は、そこがきたない場所だとは思わない。慣れてしまい、感覚がマヒしているからだ。ところが、たまにしか部屋に入らない人は、なんて散らかった部屋だろうと感じる。とてもじゃないがこんなところで勉強したり、生活する人の気持ちが知れない、などと口にこそ出さないが心の中ではそう思う。母親だからこそ「きれいにしなさい」と言うのだ。

乱雑な部屋は正直いって、運勢が悪い。先にも説明したが、きたない場所は、ご神霊や守護霊が嫌うからだ。そして、母親と同じように「もう少し、きれいに整理整頓したらどうだ」と思っている。母親の声は、守護霊の声でもあるのだ。

部屋を散らかしていたために運勢を失う例はいくらでもある。

本棚の裏に隠れている昨年買った宝クジ、ひょっとしたら特等の五〇〇〇万円が当たっているかもしれない。大事な友だちに連絡しようと思ったら、電話番号をメモしたノートが見当たらない。そのほか、友だちに返さなければいけないレコード盤に飲みかけのコーヒーをこぼしてしまい結局新しいのを買う羽目になった。手紙を書いていたら難しい字が出てきた。手元に辞書がなかったので、適当な字を書いたら、それが大間違い。おかげで彼女に教養を疑われて振られてしまった……。

きちんと部屋を整頓しておけばいくらでも防ぐことができたのに……。運を失ってからあわてても、もう遅い。きたない部屋は悪霊たちの遊び場、ぐらいに考えてちょうどいいのだ。

一方、きれいな部屋は守護霊の憩いの場。当然、運勢も急上昇する。第一、きれいな部屋は、自分自身にとっても気持ちがいいし、作業の能率もアップする。「やるぞ！」と、活力も湧き出してくるというものだ。実際、神霊界を見ると、景色も組織もすべてが美しいだけでなく、秩序正しく、整然としている。きれいな部屋を見て心が爽快になるのは、自分の魂が神霊界の実態を無意識に知っているからなのだ。

部屋に限らず、家全体についてもいえることなので、いつも家の中はきれいにしておきたい。それだけで運勢は三倍はよくなるだろう。部屋を片づけ、家をきれいにすることは誰でも手軽にできる運勢大発展作戦である。労を惜しまず、守護霊と家族全員が喜ぶ家にしたいものだ。

また、乱雑な場所には悪霊がやってくるというのも見逃せない点だ。たとえば、よくモノをなくすのはタヌキの霊のしわざであり、キツネの霊はきたない場所について、ケガをさせようと狙っている。

会社や工場などで、不要なものを捨て、作業環境をきれいにしよう――という運動が盛んであるが、これも私の立場からすれば、タヌキやキツネの霊を避けるという働きがあり、まことに結構なことだと思う。

実際に整理、整頓を心掛け、運勢をアップさせ、大企業にのし上がったところもある。ほかでもない、今をときめくトヨタと京セラである。トヨタは〝四S運動〟を大展開し、作業能率、経営効率を大幅にアップさせた。四Sとは「整理、整頓、清掃、清潔」の四つのSを指している。

「そんな簡単なことで本当に運勢がよくなるのか?」と不思議に感じる人もいるかもしれないが、実際そのとおり、運勢はよくなるのだ。整理、整頓することで、工具類の置き場をきちんとわかりやすく並べ、組み立てに必要な工具、部品がすぐに取り出せるようになった。これで、「あの工具はどこかな」などと、小さなことで頭を悩ますことがなくなり、作業に意識を集中できる。清掃、清潔によって、工場内がいつもきれいになっていれば、働いても気分がよい。また、ゴミや余分なものが落ちていないので、転んでケガをすることもなくなる。なによりも、ピシッとした雰囲気が全体に漂っているので、無駄話もできないし、それだけ能率も上がる、というわけである。これが有名な「かんばん方式」の第一歩である。

「一事が万事」という言葉があるが、まったくそのとおりで、きちんと整理された場所をつくり出すことによって、身も心もピシッとしてくるものなのだ。すると、よい霊たちも集まってきて、運勢も向上していく、というわけである。

## ④強い意志とビジョンを持てば運勢は二〇倍向上する

「岩に矢が立つ」のたとえどおり、強烈な意志で事にあたれば、不可能が可能になることがある。割り箸を名刺一枚で、スパッと刀で切るように真っぷたつにしてしまう人が世の中にはいる。不可能なことではない。極真会カラテの大山倍達《ますたつ》氏も、素手でビールビンの首を切り落とすことができる。理屈の上では到底不可能だが、実際には切れてしまう。世の中には、案外こういうことは多い。

火事場のバカ力もそうだ。交通事故でクルマの下敷きになった子どもを救おうと、母親が一トン以上もあるクルマを持ち上げた、などという話も聞く。まさに「一念岩をも通す」のである。

現代文明に毒されてしまうと、「まさか、そんなことできるワケがない」と、事を始める前に結果を予測してしまう。ところが、名刺で割り箸を割ったり、素手でビンの首を落としたりする本人は、決してそんなふうには思わない。

「切れる。すでに切れている」との一念で名刺を、あるいは手刀《てがたな》を振り降ろすのだ。クルマを持ち上げた母親にしても、「できるはずがない」などと考えていない。「クルマを持ち上げるんだ！」と念じ、持ち上げられると信じて腕に力を込めたに違いないのだ。

いずれにしても、不可能を可能にするためには、念の力、それも並大抵の念ではなく、すでにそうなってしまった、という前向きのイメージを強く具体的に持つことである。

こういう完璧なまでの信念が必要だ。念を一心に込めれば、体に内在している霊的パ

ワーが引き出され、驚くべき結果を得ることができる（無限の力を秘めた潜在意識を、〝阿頼耶識《あらやしき》パワー〟という）。かつて日蓮上人や親鸞上人をはじめ、名を成した人々は皆、この巌《いわお》の如き信念を持っていたのだ。

これは、霊的、肉体的パワーだけに限らない。日常生活のなかでも大いに役立つ。「将来、医者になるんだ。絶対なる」と念じて勉強に励めば、成績は飛躍的に向上するだろう。同じように「必ずトップ・セールスマンになれる」「将来、外務省に入って、日本のために役立つ人間になるんだ」と念ずれば、結果は必ず「吉」と出るはずだ。それは、運勢が一念に引っぱられて、爆発的によくなるためだ。いわば、「一念、運勢をも変える」である。

将来に確かなビジョンを描き、強い念を持てば、二〇倍は運勢がよくなる。しかも、そのビジョンが、多くの人々に役に立つものであれば、守護霊もたくさん働かざるを得なくなる。ときには、守護霊が入れ替わり、本人が抱いている大志にふさわしい人物が、守護霊として〝着任〟することもある。要は本人のビジョンと、意志の強さが問題なのだ。意志の強さとは、幸福を確信し、すばらしい未来を心に描き続ける、持続力と集中力にほかならない。運勢は自分が切り開いていく、という信念と意志があれば、必ずその希望はかなえられるだろう。守護霊をはじめ、大勢の善霊たちが、バックアップ態勢をきっちりと組んでくれるからである。

# 成功するための心掛け

## 出世運のいい人が生まれ育つ家庭

英雄や大成功者たちの生いたちなどを聞いてみると、たいてい幼少のころの家庭の中に、いかにも英雄がつくられそうなエピソードが、ひとつやふたつはあるものだ。

こうしたエピソードを集めてみると、なにかしら共通項が浮かんでくる。逆にいえば、この共通項こそ、英雄や成功者を育てる重大な要素になっているとも考えられるのである。

そして、不思議なことに、神霊世界から見た〝出世運の強い子に育つ条件〟と実際の英雄たちのエピソードとは奇妙に一致している部分が多いのだ。その一致している部分とは——

①家庭のしつけ——しつけはある程度厳しい。しかし、子どもはとても素直で性格的にもスカッとしている。

②母親の存在が大きい――たとえ苦しい状況下でも、母親はいつも明るく前向き。発展的にものごとを考え、子どもにもそうした教育を施している。

③他人に負けない得意な分野がある――たとえば、国語や音楽はからっきしダメでも、理科の実験は大好きだったり、体育や図工はいつも満点をとったりしている。

以上三つが大きな一致項目だ。

つまり、オールマイティーな子でなくても、なにかひとつ得意なものがあって、性格が明るくいつも前向き、生活態度もきちんとしている――といった子どもの像が浮かびあがってくる。

こうした条件を満たしておけば、出世運の強い子どもになる可能性が強い。

## 行動力と志の高さで運は向上する

小さいころに出世運がつく教育を受けなかったから、もうダメだ！　とあきらめるのはまだ早い。今からでも運を向上させることはいくらでも可能だ。そのひとつの方法が、行動力を高め、志を大きくする、というものだ。はっきりいって本人の志が高ければ高いほど、そしてそれをやり遂げようとする強い意志を持つほど、それにふさわしい運勢がやってくると思って間違いない。天の機がめぐり、守護霊が加勢するからである。

「将来、世界を動かすような偉人になるゾ！」

と常日頃思い込んでイメージし、それにふさわしい行動をとっていると、不思議なことに、世の中のすべての出来事が、自分自身を成長させるためであるかのような、そんな気になってくるものである。

実際、神霊的観点から見ても、高い志を持った人ほど、強い運勢が渦巻いている。少々のことではへこたれないし、クヨクヨしない。太っ腹だし、人望も厚くなる。すべてが、前向きで勢いがいいのである。本人の志が強力な霊界を形成するからだ。

## 「守護霊を味方につける」心構えが大切

さらにもうひとつ大切なことがある。

人間は肉体的存在であると同時に霊的な存在でもある。もうちょっと平たく言うと、いわゆる〝第六感〟があり、鋭いひらめきや予知能力、あるいは透視能力、テレパシーといった、現代科学では分析しにくいパワーを持っているということである。

運勢の強い人は、この〝第六感〟が恐ろしいほど鋭い。

つまり、本当にパーフェクトな運勢を自分のものにしようと思うなら、第六感、霊的パワーも磨きをかける必要があるわけだ。未来に対する予見性や創造性、また未知のものを発見するインスピレーションなどは、すべてこれである。それらを得る一番手っ取り早い方法が、〝守護霊を味方につける〟ことである。のちに説明するが、霊感を司る奇魂《くしみたま》（二三三ページ参照）を磨き、ピーンと冴えた状態にしておくことである。

　もちろん、守護霊といわれるぐらいだから、味方であるには違いないのだが、守護霊パワーをより完全な形で自分自身の運勢に反映させるためには、守護霊が自分に対してなにを期待しているのか、あるいはどうすれば守護霊と接触できるのかを正確に知ることが大切であろう。そうすれば、能力を一〇〇パーセント以上発揮でき、もちろん強い運勢を呼び込むことが可能になる。守護霊はいつも、あなたを見守っている。だから、〝守られている〟〝守護霊は自分の味方だ〟との意識を強く持つだけで、守護霊自身も気持ちよく力を発揮することができるのだ。

　まあ、これは守護霊パワーの初歩の段階、詳しくはのちほど説明することにする。

## 先祖霊を大切にすれば家運は確実にアップ

守護霊には、自分の遠いご先祖様がなる場合が多い。守護霊になるためには、神霊界の〝ライセンス〟が必要で、これを持たずに生きている人間に憑依《ひょうい》するのは、〝邪霊〟〝悪霊〟〝もぐりの守護霊〟ということになる。

ところで、死んでしまって数十年しか経っていない先祖の霊は、まだ〝ライセンス〟をもらえるほど修業の積み重ねがない。だからといって、霊的パワーがないかといえばそんなことはなく、位牌などを〝仮の宿〟としながら、人間界と霊界を往来し、子孫の安全や健康を守っているのである。しかし、まだ霊的覚醒（平たくいえば悟り）や叡智のレベルが低いので、ある程度力は与えても、将来を見通した上での人間的、霊的な進歩、向上とはならない守護であるのだ。

運転を覚えたばかりの人と、A級ライセンスを持つ運転手が操縦する車とでは、難しいコーナーや山道、猛スピードを余儀なくされるときの沈着冷静な判断力と正確なハンドルさばきで、雲泥の差が出てくる。人生は山あり谷あり、ときには崖っぷちを行かなければならないこともある。そんなとき、やっぱり安心できるガイドはどうしてもA級

ライセンスを持った守護霊ということになる。

背後霊、守護霊としてライセンスなしの霊がついたら大変。それこそ谷底へ真っ逆さま、なんてことになりかねない。守護霊でないが霊的パワーはある背後霊としての存在――これをしっかり認識すれば、ご先祖様の霊をおろそかにすることはできないだろう。

先祖の霊を大切にすることは、目上の者やお年寄りを大切にする精神につながり、こうした正しい秩序が家庭内や社会に幸福をもたらす結果となる。そして先祖に可愛がられる人は、社会で他人から引き立てを受けるのである。これが「孝」の徳というものである。

家庭内にトラブルが続出する場合などは、ご先祖の霊を正しく祭ってあるかどうかを、確認する必要があるだろう。意外に位牌が傷んでいたり、汚れていたり、あるいはいろんな位牌が入り混じっていたりして、それが悪い運勢を呼び込んでいることも多い。誰でもいずれは霊だけの存在になるのだから、その意味でも、最も身近な霊である先祖霊を大切にする心構えが必要だろう。

## 正しい志を持てば運が向上する

これも先ほど説明した、志の高さで運が向上するという箇所と一脈通ずるところがある。志が高ければ、それなりのパワーある運勢がやってくるが、これはとりもなおさず、強い霊が守護したり導いたりすることも意味している。つまり、強い運勢は強い霊が持ってくるわけである。これは霊界法則でもある。

ただし、ここで注意しなければいけないことがひとつある。それは、正しい思念、志を持たなければいけないということである。

「人類の幸福のために実力をつけたい」という思いならば、マル。要するに、人々の幸せのために、強い運勢を求めるのならいいわけである。ところが、世の中そういう人たちばかりではない。なかには、「あいつを陥れたい」「殺したい」などと、よからぬことを思う人もいるものである。

こういう悪い方向の意志にもやはり、霊界は感応し、それにふさわしい悪霊がやってくるのだ。もちろん、そうなれば、うらんだほうもうらまれたほうも、運勢は急激にダウンする。

「人を呪わば穴二つ」という諺《ことわざ》があるが、まったくそのとおり。現実世界でも不幸になるばかりか、死んで霊界に行ってからもうらみの思いが重い足かせとなって、その人を苦しめるのである。したがって、ここはなんとしても、正しい思念で霊界を動かし、運勢を呼び込む必要があるだろう。また、「世のため、人のため」にと一生懸命頑張れば、守護霊をはじめとして、大勢の善霊たちが援助してくれるものである。それが究極的には自分にはね返ってきて、本物の幸福となるのである。霊の力と運勢を借りるといっても、オカルト的に考えてはいけない。ごく普通の生活の中で、霊の力は発揮されるからだ。このあたりを誤解すると、高級霊のほうでも迷惑するので注意したい。

## 「幸運の星」のエネルギーを浴びる

さらにもうひとつ、誰にでもできる運勢向上の方法がある。それが「幸運の星」エネルギー活用法だ。「そんなバカな!」と驚かれる方も多いだろう。だが意識をちょっと変えるだけで、星からのエネルギーをいくらでも浴びることができ、それを運勢向上に結びつけることができるのだ。まず第一に、星は単なる物質のかたまりではなく、私たち人間と同じように霊界があって、〝霊気〟を帯び、しかも物質エネルギーや神霊エネルギーを絶えず地上に放射していることを理解してもらいたい。ホロスコープ等で、人の運命を占うことが可能なのは、星が霊的存在で、しかも人間に多大な影響を与えていることのなによりの証拠だが、ここでは一歩も二歩も進んで、幸運の星のエネルギーを全身に浴びてしまおうというのだ。占いなんてのはもう古い！　今は自分で運勢を呼び寄せ、幸運の星を自在に活用する時代なのだ。こういう感覚で、太陽や月、他の星々を眺めると、ちっぽけな自分自身の体の中が、大きな宇宙と同化しているのに気がつくだろう。そして、星と自分との関係が「星は見るもの」から一八〇度回転して、星に見られている、守られている、導かれている、パワーを受けている！　と考えられるようになるのだ。つまり、星と自分とは無関係でなくなるのだ。星からのエネルギーを浴びることで、運勢は向上し、守護霊もより一層強く、援助してくれるようになる。

それから、奇跡の神霊パワーが出る「神界幸運ロゴ」（二六二ページ～）を、星に祈るとき携えれば、幸運パワーは倍加される。ぜひ実践して、幸運をわがものとしていただきたい。

## 選択、判断に迷うときこそ成功をつかむチャンス

右にすべきか左のほうがいいか、あるいは進むべきか退くべきか――人生ではこんなふうに、どっちにすべきか選択を迫られる場合がよくある。バーゲンの商品選びから進路の決定まで、重要度に違いはあるものの、毎日が迷いの連続だ。運のいい人は、ことごとくラッキーな方向を選び、ツキのない人は、一生懸命考え悩んだ末に、ハズレのほうを引いてしまう。小さなハズレなら笑って済まされるが、一生を台なしにしてしまうかもしれないハズレもあるのだ。

「ハテ？　どちらにしようか」と、ここまではみんな同じようだ。だが、この迷いの瞬間、その人がどう考えるかによって、当たりを引くか、ハズレになるかが決まるのだ。

当たりを引く人の場合――

「やるだけのことはやった。あとは運を天にまかせる。だが、私は幸運の神がついているから必ず当たりを引く。そういう運勢になっているのだ。外れてもともと、悔いはない」

ハズレを引く人の場合――

「外れたらどうしよう。困ったなあ。なんとなく外れそうな気がするし、いつもツキがないから、今回もハズレに決まっている。きっと外れる……」

まあ、わかりやすく言えばこうなるだろう。

つまり、運勢の強い人は、信念も強く、「必ずそうなる」と確信している。それが同時に、強い運勢を呼び込むことにもなるのだが、運勢の弱い人は、これがすべて逆になっている。基本的には、この心構えが大切だ。そして、この心構えを土台にして、志を高く正しく持ち、守護霊と星のパワーを活用すれば、運勢は、みるみるよくなるというわけである。

その意味で、選択、判断に迷ったときこそが、運勢を向上させる大きなチャンスだと、心得ておいてもらいたい。

これであなたも〈強運〉が自分のものとなる!!

# 運勢大転換チェックリスト

| | ハイ | 普通 | イイエ |
| --- | --- | --- | --- |
| 1 性格は明るいほう。 | □ | □ | □ |
| 2 あまりくよくよしない。 | □ | □ | □ |
| 3 争いごとは嫌い。友人と仲良くしたい。 | □ | □ | □ |
| 4 悩んでいる人がいたら相談に乗ってあげる。 | □ | □ | □ |
| 5 悪いことをしている人がいたら注意する。 | □ | □ | □ |
| 6 動物をかわいがり、世話もする。 | □ | □ | □ |
| 7 なんでも積極的にやってみようと思う。 | □ | □ | □ |
| 8 だれかが失敗したら、責めないで許す。 | □ | □ | □ |

□□□　9　人の意見に耳をかたむける。

□□□　10　自分が損をしても、人のために我慢する。

□□□　11　人に道を聞かれたらちゃんと教えてあげる。

□□□　12　お年寄りに、バスや電車で席を譲る。

□□□　13　うれしいときは、素直に表現する。

□□□　14　目上の人に対して、ちゃんと挨拶できる。

□□□　15　失敗は成功の母、は本当だと思う。

□□□　16　人の欠点より長所を見るように心掛ける。

□□□　17　自分の考えは、はっきり主張する。

□□□　18　人を笑わせるのが好き。

□□□　19　約束はきちんと守る。

□□□　20　ものごとはいつも最後までやり通す。

□□□　21　自分が悪いと思ったら素直にあやまる。

| | ハイ | 普通 | イイエ |
|---|---|---|---|
| 22 「ダメ」より「イイ」の言葉を多く使う。 | □ | □ | □ |
| 23 自分はいつも幸せだと思っている。 | □ | □ | □ |
| 24 弟や妹、年下の子どもをかわいがる。 | □ | □ | □ |
| 25 友だちがたくさんいる。 | □ | □ | □ |
| 26 おじいちゃんやお父さん、お母さんが好き。 | □ | □ | □ |
| 27 嫌いな人より、好きな人のほうが断然多い。 | □ | □ | □ |
| 28 人の長所をほめることが好き。 | □ | □ | □ |
| 29 机の上、部屋の中はいつも整理されている。 | □ | □ | □ |
| 30 助けを求められたら、任せなさいと言う。 | □ | □ | □ |
| 31 食べ物の好き嫌いはなく、なんでも食べる。 | □ | □ | □ |
| 32 いつも清潔な服を着ている。 | □ | □ | □ |

□□□ 33 「勇気」「愛」「真実」という言葉が好き。

□□□ 34 こうすればもっとよくなる、と考える。

□□□ 35 つらいことでも、それを乗り越えようとする。

□□□ 36 嫌いな相手とでも、自由に話ができる。

□□□ 37 いつも一番になりたいと考えている。

□□□ 38 自分は負けず嫌いだと思う。

□□□ 39 大切なものは、いつも大事にしている。

□□□ 40 地球と人類は絶対に滅びない。

□□□ 41 霊界や神界は必ず存在すると思う。

□□□ 42 一生懸命やれば、必ずむくわれると思う。

□□□ 43 世の中は悪人より善人が多い。

□□□ 44 いつも感謝の気持ちを忘れない。

□□□ 45 人の忠告は素直に受け止める。

# 運勢大転換チェックリストの見方

今一体、自分自身どれくらいの運勢を持っているのだろうか、と不安に思っている人も多いことと思う。自分の運勢状態がわかれば、物事に対してより積極的になったり、自重したり、ある程度コントロールできるからだ。

運勢が悪いのに、むやみに突っ走るのは墓穴を掘るだけ。逆に、運勢がよければ、慎重の中にも、果敢に物事に取り組めるというわけである。

このチェックリストで自分の運勢状態を点検。もし、点数が低くて〝悪運勢傾向〟にあったら、よく反省して再出発すればいい。

また、点数が高いからといって、自慢したり高慢になると、足もとをすくわれ、とんだ失敗を引き起こすことにもなりかねないので、絶えず謙虚な気持ちが大切になる。

運勢は他から与えられるものではなく、基本的には自分自身が作り出し、呼び寄せるものであることを忘れてはいけない。また、このチェックリストで気をつけてもらいたいのは、点数が悪かったからといって〝どうせオレはダメさ〟と投げやりになってしまうことである。そう思った瞬間、本当に運勢は悪くなる。そういう場合は〝これ以上悪くなることはない。あとは上昇あるのみ〟ぐらいに考えてもらいたい。すると、気が晴れて、運勢はみるみる向上していくものである。

こうした点を心得た上で、チェックに臨んでいただきたい。

## 採点方法と対処の仕方

ひとつひとつの質問に対して、〈ハイ〉は三点、〈普通〉は二点、〈イイエ〉は一点として採点する。あまり考えず、直感で決めること。

## ■合計点数…一二〇点以上■

すでに、大運勢が頭上に渦巻いている。あとは、努力と実行あるのみ。我《が》を捨てて志を高くすれば、明治維新の志士たちのように、時代を背負うような大人物になれるだろう。

## ■合計点数…一〇〇～一一九点■

かなりよい運勢が近くにある。積極的によいことを行い、さらに、人々に好かれるようになれば、運勢のレベルアップが可能だ。

## ■合計点数…七〇～九九点■

わがままな心を捨て、みんなの幸せのために生きるよう努力すべし。よい運勢を呼び込むためには、感謝の気持ちを忘れずに。

## ■合計点数…六九点以下■

そのまま放っておくと、悪霊にとりつかれ、運勢が急降下する危険がある。まず、自分自身の生き方を反省し、目上の人を尊び、正しい心で生活できるように。イライラせず、心をゆったり、明るく生きるように心掛けよう。

第二章

# 運・不運を演出する もう一人の自分

# 〝幸運の運び屋〟守護霊にアタック

## 守護霊とは……漫画家・松本零士先生の場合

これまで、守護霊について、かなり記述してきた。しかし、まだピンとこない人もいるだろう。私は守護霊を描写できる、というより、私の手を使って守護霊が自画像を描くのである。

その具体的な一例を、著名な松本零士先生の場合で説明したい。

先生には昭和六〇年の暮、私どもの事務所に来ていただき、守護霊と前世を〝鑑定〟させてもらった。

その日、松本先生のほかに出版社関係の人が数人同席され、松本先生の守護霊と前世がいかなる形で出てこられるのか、興味深げに見守っていた。

さて、松本先生の前に坐り、念を集中して自然トランス（入神）状態に入る……。

「見えてきましたよ。すごいですねー。ウーン、松本先生には六九人の大守護霊団がいらっしゃいますね。その中でも、チーフ的なのが、この人です」

私はこう説明しながらも、強い霊気によって、体中がポカポカと温まっていくのを感じた。

私の目の前に置かれたスケッチブックに、守護霊の顔を描き出す。私、ではなく守護霊が私の体を借りて自画像を描くのだから、間違いは少ない。リアルな絵が可能だ。

「そうですか。あ、ここはこうですね。耳はこれぐらいですね。髪は長いんですね」

私は、絵が完成に近づくにつれ、心が安まり幸せな気分になってきた。ときどき、エンピツが走りすぎて髪が長くなったりすると「もうちょっと短いよ」と守護霊のアドバイスがある。霊的波動から察すると、非常に高貴なお方のようだ。

描き始めて五分ほど経つと、一人の人物が完全に浮かびあがってきた。絵の仕上げは目の描き入れと、〝作者〟の名前。つまり自画像本人の名前だ。松本先生の守護霊のお名前は……。

「第一二代天皇　景行《けいこう》天皇」

なんと天皇の霊が松本先生を守護していたのだ。

景行天皇は、文献によれば日本武尊《やまとたけるのみこと》の父親で、九州地方を征討した人物とされている。なるほど、それで使命をおびて艱難辛苦を越えて戦う『宇宙戦艦ヤマト』を松本先生に描かせたのか。ヤマトタケルの一生が象徴されていて、なんとなく関連性がわかるような気がする。

景行天皇の自画像が描きあがると、今度は守護霊からのメッセージが伝わり始める。メッセージの内容は、「一七歳のころから守護している」「青少年に夢を与える仕事を今後とも頑張ってやるように」といったものであった。

松本先生の守護霊を出したので、今度は前世も見てみることにする。

ところが、今度は先ほどとは打って変わって非常に重苦しい霊波が私を包む。一体、この苦しさはなんだ！　私の口をついて霊が語るセリフは、低くしわがれていて、「皇帝め、皇帝め」と繰り返している。よほど、皇帝に対してうらみを抱いていたことをうかがわせるが、さてこの人物は誰なのだろうか。

全員が、かたずを飲んで見守るなか、二分、三分と時間が過ぎていく。その間、私は必死に前世自画像を描き続ける。しかし、なんという苦しみだろうか。全身から血の気が失せてしまいそうだ。実際、顔色は青ざめ、唇が乾いてきた。

松本先生の前世に一体なにが起きたというのか。

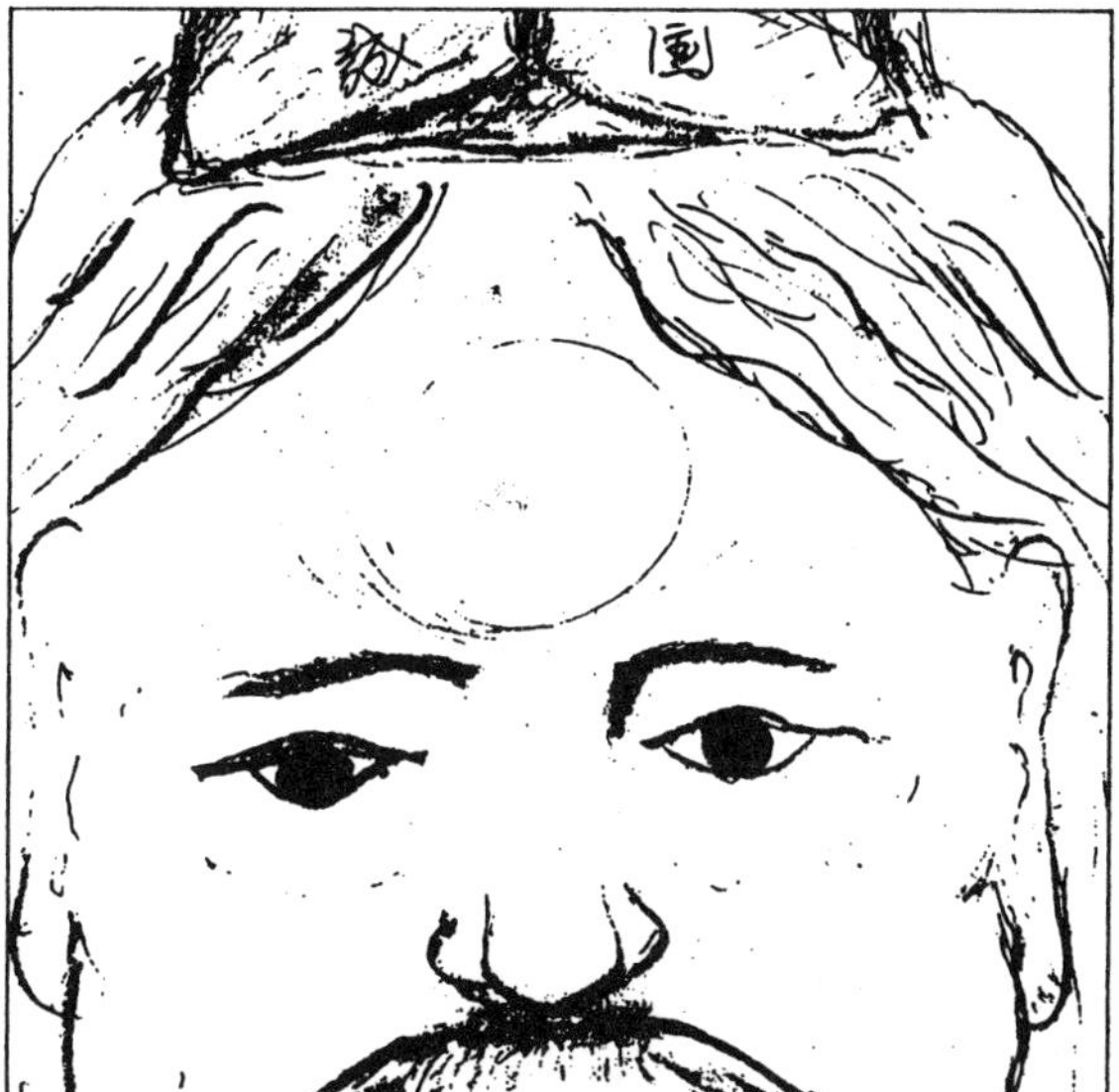


漫画家・松本零士先生の守護霊と前世。上の景行天皇が守護霊で、左の司馬遷が前世。いずれも額のあたりから強烈な念波が出ている。

五分ほど経った。人物像はほぼ完成に近く、最後に目を描き入れたところで、額のあたりから、非常に強い念波の放出も描く。が、この念波はとてつもなく強烈だ。前世の顔は目がつり上がり、怒った表情が如実にあらわれている。

「この人は一体、誰だろう」と思っていると、霊が私の右手を借りて名前を書き込んだ。

「司馬遷《しばせん》」

なんと、松本先生の前世は、『史記』を書いた中国の偉大な歴史家・司馬遷だった。

それを知って、一同驚いたのはいうまでもない。

「どうやら司馬遷は、暗くて狭いところに閉じ込められ、最後は刀で切られて死んだようですね。皇帝に対して非常に強いうらみを持っていたようです」

私はみんなにこう説明するのがやっとで、おもわず、疲労のためからか、「フーッ」と大きく息をついてソファーに腰をおとしてしまった。このように、前世をみる力を〝潜在意識の同時通訳〟あるいは〝潜在他心通力《たしんつうりき》〟という。

「司馬遷がぼくの前世だったんですか。フーン、知らなかったなあ。腰が抜けたなあ」

松本先生は感慨深げに目を白黒させ、半信半疑といった様子だ。

司馬遷は今まで二度ほど生まれ変わり、三度目が松本先生。そして、今の松本先生には司馬遷だった当時の記憶が生きている。もちろん、司馬遷と松本先生は厳密にいえば〝同一人物〟ではない。ただ、松本先生の脳の奥底の潜在的記憶の中に、司馬遷が〝住んでいる〟ということなのだ。

そういえば、松本先生は、古代文明や遺跡に、強い関心を持たれていると聞く。前世、司馬遷の思いが、「古代の歴史にロマンを感じる」という形になってあらわれているのかもしれない。また、松本先生は、マンガを通じて歴史上の人物の好き嫌いや、善悪をはっきりさせるのが好きだったとのこと。あとでお聞きして、伝えられている司馬遷の性格とピッタリなので、一同再び驚いた。

私たちがよく感じる、「なんとなくこのジャンルに興味が湧く」とか、「この仕事が天職のような気がする」というのは、前世の思いが、そうさせている場合が多いようだ。

## 守護霊へのお願いは声に出すとよい

守護霊は心の中をすべてお見通しだから、改まって声に出して、願いごとを言わなくても、きっと聞き届けてくださるに違いない、と考えている人がいるのではないかと思う。確かに、守護霊は、頭の中で思いをめぐらした瞬間、その願いがどんな内容のものなのか、ちゃーんとわかっておられる。

しかし、守護霊も、もともとはわれわれと同じ人間。丁寧に声を出してもらったほうが、やっぱりうれしい。ちょうど、子どもが親になにかおねだりするときと同じだ。親は、子どもの顔色や態度を見ていれば、どんなオモチャがほしいのか、だいたいの見当はつく。子どもの「あれがほしい」と訴えている瞳の輝きを見逃したりはしない。

もじもじと、ほしそうな仕草をする子ども。「買ってやろうかな、どうしようかな」と迷っている親。そんなとき、子どもが「お父さん、アレを買ってちょうだい！」と元気よく訴えれば「そんなにほしいのなら、買ってやろうか」という気持ちに親はなるだろう。

子ども＝自分、お父さん＝守護霊と考えてもらえばいい。自分と守護霊との関係はこうなっている。それにもうひとつ、言葉に出して願いごとを頼むと、言霊《ことだま》から顕現パワーが発生し、自分自身の潜在意識にも呼びかけることになるし、守護霊に対する霊的確信も深まるわけである。

不思議なもので、

「守護霊さん、願わくば、自分の運勢が一〇倍よくなるようにしてください」

と口に出してしまうと、心の中からグォーンと自信が湧きあがってくる。そうすると、「言ったからには、願いをかけたからには必ずそうなる！」と、全身に強烈な確信パワーがみなぎってくるからおもしろい。ウソのような話だが、これは本当のことだ。そして、さらに内容をできるだけ噛みくだき、克明にイメージして逐一言葉に出してお願いすると、実現化の速度や度合が強くなる。これは、一般に守護霊に限らず、神仏に願いをかける場合も共通している。また、後述する仏壇やご先祖に対してもあてはまる。できるだけ具体的に克明にして申し上げることである。はっきりした功徳が約束されよう。

たとえば「守護霊さん、明日一時から二時まで斉藤さんと見積もりのことで打ち合わせを行います。できるだけ相手と、こちらが納得できるいい条件で結論が出ますように。また、三時半からは、銀座の則子さんの婚約者のいいかげんさに、ぼくは忠告をしなければなりません。ぼくとのことを誤解されないように、しかも、両者の幸せにぼくが役立てますように、ちゃんと言わせていただきますように。くれぐれもよろしくお願いいたします」

おわかりいただけたと思うが、相手の実名、場所、その時間、内容、希望する結論などを、できるだけ具体的に申し上げるのがポイントになる。

そして、その中に、〝相手よし、われもよし〟の発想と、自分が向上しようという意気込み、それから守護霊の働きに対する信頼と感謝を言葉にする。その際、できるだけ感情を込めるようにすれば、ほとんどの願いはかなえられるはずである。

ところが、いくら守護霊に願いをかけても、ぜんぜんかなえられないこともある。それはなぜであろうか。

まず第一に、自分に我《が》と慢心および侮り、油断、怠慢等がある場合。これでは守護霊に見離されて、いくら祈っても効果はない。

次に、こうなってほしいという結果に対して、あまりにも執着心が強い場合だ。これは本人の出す執着心が黒雲をつくってしまい、守護霊の働きを鈍くしてしまうからだ。

最後は、守護霊が、祈りの内容をかなえないほうが、本人や相手にとって幸せであると判断した場合である。ただ、これらのものを避ける方法がある。侮り、油断、怠慢に関しては問題外だが、それ以外のものに関しては、こうすればよい。

それは、祈りの最後の部分に工夫をして心を込めることである。つまり、「すべて守護霊様におまかせします」と最後を結ぶのである。

人間は悲しいかな未来のことはわからない。だから、もがき苦しんだり、目先の結果に執着してしまう。しかし、守護霊は違う。霊界にいて先の先までご存じなのだ。今、自分の願っていることがすべて自分の将来の幸せであるとは限らない。

ところが、幸福は強く願わないと実現しにくい。

つまり、どこまで強く願い、どこから先を〝ゆだねるか〟が問題となるわけだ。答えは、八割は徹底して信じて願う。あとの二割は守護霊の未来予測の価値基準にゆだねるのだ。こうすれば、過度な執着や我と慢心も避けられる。とくに、いくら願っても逆方向に事が運び、いきづまるときには、「これは、守護霊様が先々を見通して、よくないと判断されているから、こんなに何度願っても、逆方向に事が運ぶのだ。たぶんこの成りゆきのほうがベターなのに違いない。自分の執着心を捨てて、そう信じよう。きっとそうだ。守護霊様、私にはわかりませんが、きっとそうなのでしょう。ね」――と守護霊に心をおまかせしよう。

実はこの方法、神社の神様との交流にも当てはまる。よく、近くの神社へ祈願に行くと、賽銭箱の奥のあたりに『惟神奇魂《かんながらくしみたま》たまち生《は》えませ』と木に墨字で書いてある。この〝惟神《かんながら》〟は、「神様の御心のまにまに」という意味だ。たくさんのお願いごとをしたあとは、ちょうどお団子を食べたあとに必ずお茶を飲んでしまうように、この言葉を唱えるのが慣習になっている。つまり、食べすぎると、あんこがしつこく口の中に残るように、お願いが強烈で過激すぎると、我が出たり執着心の黒雲が出て神様の口に残ったりする。そこで、神様の喉のとおりをよくするために、唱えるのだと思ってもらえばいいだろう。守護霊に対する作法も、この神社のお参り作法の原則となんら変わるところがないこともおわかりいただけたと思う。

## 返事は夢や直感で

さて、具体的なお願いに対して、守護霊はどのような形で返事を与えてくれるのだろうか。たとえば、ボーナスの使い道。家族旅行にしようか、それともオーディオセットの購入に回そうかなあと迷っている場合。

「守護霊様、家族と自分にとってよいほうを教えてください。お願いします」

まず、こうお祈りするのが普通だろう。霊的に研ぎ澄まされている人ならば、目を閉じて願いを発すれば、その瞬間、パッと頭の中にオーディオルームで家族が美しい音楽を聴いている様子が浮かぶかもしれない。あるいは、温泉につかっている姿が見えるかもしれない。イメージが浮かんだほうが、守護霊の答えである。

しかし、これはあまりないケースだといえよう。

次は夢で教えられる場合。日頃、夢などあまり見ないという人が、その夜に限って、家族そろって汽車に乗って楽しくおしゃべりしている夢を見たりする。そういうときの夢というのはカラーではっきりと見え、よく覚えているものだ。朝、目醒めても、しばらくの間旅行気分が抜けない、などといった感じである。

逆に、守護霊が「旅行はやめたほうがいい」と教える場合は、飛行機や列車の事故などの夢を見させることもある。危険信号を発しているわけだ。そういうときには、旅行を中止すべし。

## 周囲の人の口を借りて指示することもある

直感力も弱く、夢も見ないという人に対しては、守護霊は別の方法でアプローチを試みる。こちらが真剣なら、守護霊はとても親切である。なんとか願いを聞き届け、答えを伝えようとするわけだ。しかも間接的にやってくる答えは、たいてい三回以上伝えられる。一回二回伝えたぐらいでは、どうせ気がつかないだろうし、信じないに決まっている、とでも思っているのかもしれない。とにかく、鈍感な人間にでも悟れるように、三回以上答えを出してくれるのだ。

たとえば、こんな具合だ。

一回目。突然懐かしい友だちが家を訪ねてきて、先日家族そろって温泉旅行に行ってきたことや、女房子どもがものすごく喜んでいたことなどを、こちらが聞きもしないのに、ペラペラとしゃべりまくる。普通の人なら「ハハァーン、守護霊さんの〝解答用使者〟だな」と悟って、今度のボーナスは家族旅行に決めた！　となるわけ。

しかし、それでもまだ疑う人もいる。それらの人のために、二回目のアプローチがなされる。

またもや突然、今度は電話が鳴りだす。相手は田舎の両親から。「たまには家族サービスでもしたほうがいいぞ。ワシラの近所で最近温泉が湧き出しての、家族そろって入りに来んか」などと言う。こんな風に、直接的でなかったにせよ、新聞の折り込み広告に、温泉案内が二枚も三枚も入っていて、それらが妙に印象に残るというようなことがあるのだ。

これで九〇パーセント以上の人は、守護霊の働きを感じ取って、温泉行きに決めるだろう。

だが、残りの数パーセントの人のために、守護霊は三度目の最後のアプローチを試みる。守護霊もこんな疑い深い人につくと骨が折れて大変だ。本人としてはまだ「たまたま、偶然が重なっただけ」と、守護霊の汗だくの苦労もどこ吹く風といった感じ。

三度目は、セールスマンが家に訪ねて来た——ピンポーン。

「ごめんください。わたし、守護霊です」

などということはさすがにないが、このセールスマン、なんと旅行代理店の人で、温泉旅行をさかんに勧める。「最近は、旅行会社も訪問販売をやるようになったのかな」などと思っている間にセールスマンの口車にのせられて、温泉旅行のクーポン券を買ったあと、「あ、これが守護霊さんの答えか！」と気がつく。

直感がダメなら夢、夢がダメなら友人知人の口を通して、それでもダメなら誰かを直接派遣してでも、答えを伝えようとする。涙ぐましい守護霊の姿がそこにある。

しかし、守護霊にとってみたら、これはかえって好ましい態度なのである。何度も何度も問いを発し、疑って疑ってついに確信を得る。このほうが信じてゆるがないからだ。

とくに、一生涯の岐路に立たせられたときはそうだ。守護霊にお骨折りいただいて申し訳ないかもしれないが、徹底して問いを投げかけ、もう絶対に間違いがないと確信できるまで、その証を取り続けるのがよい。守護霊は、喜んで骨を折るはずだ。

それから、直感や夢は、往々にして「こうなってほしい」という先入観が入ってしまって狂いが生じることがある。また、悪霊があざむくこともありうるので、直感的な解答と、間接的な証の両用をお勧めする。

## 大難は小難に、小難は無難に

お金をどう使おうか、どっちへ引っ越したらいいかなどといった、直接答えが返ってくる場合なら、心を素直にして守護霊の「声」に耳を傾ければいいが、どうしても避けられない災いもある。守護霊にどうすることもできない災いもあるのだ。

天が、その人に災いを与えてどうしてもより大きな成長を促す必要があるときには、これは避けようがない。しかし、これは悪意でやっているのではなく、天は自らの心を痛めながら、本人の成長のために、泣く泣く試練を与えるのである。したがって、この災いは甘んじて受けなければならない。

ところが、悪霊がイタズラで災いをもたらすこともある。病気になったりケガをしたり、あるいは、あと一歩で仕事が完成するという段階になって、思わぬアクシデントを生じさせて、全部パーにしてしまう、といった具合である。タチが悪いうえに、こんなものにとりつかれると、運勢も坂道を転げ落ちるように急降下しはじめる。早いうちになんとかしなければいけない。

そこで、大事を成す前には必ず守護霊にお願いすることにしよう。また、いつ思わぬアクシデントに巻き込まれないとも限らないので、日頃から守護霊のご加護をお願いしておいたほうがいい。とくに、親戚や家族で悪霊狙われ型の人生を送る人が多い場合は、真剣にやったほうがいいだろう。いうなれば、守護霊ガードマンといったところか。この守護霊ガードマンの日当はタダ。ボーナス、厚生年金、社会保険、失業保険等、一切不要であるばかりでなく、年中無休、一日二四時間守っておられるのだ。なんとありがたい、尊い存在ではなかろうか。お金はいらないし、労働条件にも文句はいわれない。ただし、お金の代わりに「守護霊さんが、守ってくれる。いや、すでに守られている」

という強い信念と感謝の気持ちが必要となってくる。それさえあれば守護霊は満足してくださる。こんな方は、親戚はもとより、日本中、いや世界中探しても絶対いないはずだ。

そして、信念が強ければ強いほど、守護霊のパワーも強くなる。それによって、自分に降りかかってくる災いが小さくなるのだ。本来なら大難が降りかかるはずなのに、それが小難になったり、小難ならば無難になったりするわけである。

悪霊のイタズラばかりではない。ときには試練さえも軽減されることがある。守護霊が「彼もこんなに一生懸命やっていますから、ここはひとつお手やわらかに」と、天に対してとりなしてくれるわけだ。一〇〇の試練が八〇ぐらいになるかもしれないが、結局のところ、自分自身が行いをちゃんと改めて、自分を立派に磨き世のため人のために尽くすようになれば、天も守護霊の願いを聞き届けてくれるわけである。

## 大切なのは本人の努力

なんでも守護霊が聞いてくれるからといって、自分のやるべきことを怠ると大変なしっぺ返しをくらうことになる。

これは私の体験なのだが、一度痛い目に遭ったことがある。

私が大学生のときだった。試験が間近に迫っているのに、勉強がはかどらない。一生懸命机に向かって、ノートを広げるのに気はあせるばかり。クラブに精を出しすぎて時間がなくなったためだ。そこで、神様、守護霊様によくお願いして、ねじりハチ巻きで必死に勉強していたら、「このへんが出そうだな」というヒラメキが湧きあがってきた。しかし、そのヒラメキに全部をゆだねるわけにもいかず、とにかく汗だくで勉強を終え、試験に臨んだのである。するとどうだ。ヒラメキはピッタリ当たっているではないか。おかげで、試験は満点を取ることができた。しかも全教科がこの調子で過不足なく「ここだな」とヒラメクところが百発百中当たったのである。

「ぼくのヒラメキはすごい。きっと守護霊さんがお教えくださったんだ。次もよろしくお願いします」

とムシのいい感謝を述べておいた。

さて、数カ月後、試験の季節がまたやってきた。試験日が迫ってきても今回はそんなにあせらない。なぜなら、私には強ーい味方、守護霊がついているから、試験問題はヒラメキでみんなわかってしまうという、確固たる自信と喜びがあったからだ。その期待どおり、目を閉じると試験問題が明確に頭の中に浮かんでくる。「ほう、今回はこんな問題が出るのか、なるほどなるほど」という具合だ。

いよいよ試験当日。机に座り配られてくる問題と答案用紙を心待ちにしていた。「今回も満点解答をしよう」などと自信満々である。

パラリ。問題用紙を見た。「アレ？　ちょっと変だな」と思う間もなく、全身から血の気が引いていく。な、なんと、自分の考えていた問題と中身がまったく違うのだ。「裏切られた！　だまされた！　守護霊さんに見離された」などと考えるヒマもなかった。真剣に勉強もせず、自分がやるべき最大の努力を怠った天罰に違いない――とホゾをかんだが、時すでに遅しだったのである。試験の結果はもちろんさんざんなものだった。

それから猛烈に反省して、神様や守護霊にお詫びした。畳におでこがこすれて真っ赤になるくらいにお詫びした。「前回は、自分以外の人々、つまりクラブのために精一杯やらねばならないことをやり通したために、時間がなかったので、特別に霊感を授けてくださり、普段以上の点数がとれたのです。再び霊感を当てにすることは致しません。

どうかお許しください」

このように、いくら守護霊といえども、強い私利私欲の願いや侮り、油断、怠慢から出た願いごとを聞き届けるわけはない。なぜならば、正神界の高級霊だからだ。そんな願いを聞いていたら、世の中はナマケモノばかりになってしまうだろう。本人が一〇〇パーセント努力してもどうにもならないとき、その願いが十分、天意（真にその人のためになるか）にかなうものであれば、守護霊があと押ししてくれるのである。いや、前に立ってどんどん導いてくださることもあるのだ。

霊的に少し敏感になると、「オレは霊界が見える、予知能力が備わっている」と自慢する人を見かけるが、これは厳に慎まなくてはいけない。霊的に敏感だから偉いのではないのだ。自分の力を一〇〇パーセント発揮して、世のため人のために尽くそうと、日々切磋琢磨《せっさたくま》する姿勢こそが真に尊いのである。そして、天も守護霊も、そういう人に対しては全面的に協力を惜しまないのである。

テスト

## 感謝すれば守護霊も働かざるを得ない

もうひとつ、守護霊との関係で重要なことがある。それは礼節をわきまえる、ということだ。

正直にいって、守護霊は意外にそういうところにうるさい。というのは、守護霊たちが生きていたのは、封建制度がピシッと確立していて、礼儀作法はもちろんのこと、親や年上の人にきちんと孝行を積むことが当たり前の時代だった。四〇〇年、五〇〇年以上も前の人が多いからだ。守護霊たちは、そういう時代に育っているから、礼節をわきまえないと、イヤな顔をする。とくに武士の霊はそうだ。外国人やお坊さんの場合はそれほどでもないが、それにしても、神霊界は秩序正しいピラミッド型の厳然とした組織になっているので、礼節を重んじる心は、すべてに通ずる。

したがって、願いごとをするときは姿勢を正して、邪念にとらわれず一心に願うべきだ。そして、願いが聞き届けられ解答が得られたら、ちゃんと感謝すべきである。

「守護霊さん、本当にありがとうございました。今後も一生懸命努力しますから、よろしくお願いします」

最低、これぐらいのお祈りは必要だ。そうすれば、

「そうか、こんな少しの働きだけで、そんなに喜んでくれるのなら、次はもっと大きく助けてあげよう」

ということになる。つまり、リピートオーダーがきくわけで、守護霊の働きを継続して得ることができる。逆に、お礼も感謝もしなかったらどうなるか。

「せっかく働いたのに、なんてやつだ。ありがとうのひと言ぐらいは当然あって然るべきだ。まったく礼儀知らずでケシカラン」

なにも、お礼がほしくって守護霊を務めているわけではないだろうが、こんなふうにヘソを曲げたくもなるだろう。守護霊だって、昔は人間だったのだ。今は肉体を持ってはいないが、心はわれわれと同じ。そのへんを忘れてはいけない。ただ、霊格が高い方なので、黙認していて、「これも時代だから仕方あるまい」と辛抱しつつ、それでもわれわれの幸せのために日夜活動しておられるのだ。

こんな守護霊たちを感動させる秘法がある。ここでちょっとその奥義を授けておこう。

感謝の言葉を、守護霊の時代に合わせて述べるのである。つまり、万葉歌や古代歌謡、長歌、短歌、祝詞《のりと》の文などに合わせて作文する、なんでも候《そうろう》をつけて候文にするなど

である。生きておられた時代により、言葉も多少異なるであろうが、こちらから守護霊の世界に歩み寄るという努力を愛《め》でていただこうというわけだ。もちろん、テレパシーで通じるから、平易な言葉で十分なのであるが、だいたい無学文盲だった守護霊などは見たことがないので、教養レベルがピッタリ合うと、非常に感動される。下手でもいい、その姿勢と誠に打たれるのである。これが、昔型人間の特徴だともいえる。ちょうど、子どもが突然気の利いた大人言葉の表現を覚えて、「父上、誠に衷心より感謝致す次第です」と言い出せば、「ど、ど、どうしたのだ、どこで覚えたのだ」と感心したり、実家の両親に、丁寧でやや他人行儀と思えるような名文でお礼の手紙を書くと、「こいつも大人になったな」と昔気質の父親が、感激するのに似ている。

だから、このように絶えず守護霊に感謝していると、思わぬところで〝得〟をすることがある。

疲れ果てて電車に乗り込んだら、あいにく満員で座れる席がない。しようがなく立っていると、目の前の人がどういうわけか立ち上がって席を譲ってくれた。

「ああ、きっとこれも守護霊さんの働きに違いない。守護霊さん、どうもありがとう!」

ところが、これはあいにく守護霊の働きではなかった。目の前の人が駅を降り忘れ、あわてて席を立っただけだった。さあ、守護霊はどうする！　感謝されたのに、それは違っていたのだ。

「よしよし、わかった。今度帰りの電車に乗ったら、お前のために席をひとつ確保しておいてやろう」

相手が感謝しているのに、それを無視するほど無慈悲な守護霊はいない。「そんなに感謝してくれるのなら」と、先まわりしてでも、感謝に応えてやろうとするわけだ。これを私は「守護霊追い込みの秘法」と呼んでいる。

# 明治維新を演出した霊たち

## 時代の節目にはアクの強い霊がうごめく

日本の近代化の夜明けともなった明治維新の話をしよう。というのも、こういう、時代の大きな節目には、神様がいろんなところにいた強いパワーを持った霊を呼び集め、時代を築こうとしている人々の守護霊となるよう、命令を発するからだ。

先ほど、志の高い人にはそれなりの守護霊がつくと話をしたが、とくに明治維新では、己を捨て国家のために生きんとした志の高い若者たちが多数現れた。そして、若き生命を時代作りという大義のために散らせていったのである。まさに、我を捨て志に生きた若者たち。こうした生き様は、守護霊たちが最も働きやすい状況だったはずだ。しかし、なんといっても、これらの中心になったお方は、希代の指導者、明治天皇である。お祭りと神事が大好きであられ、その御製（御歌集）を拝察しても、慈愛にあふれ、高い境涯から詠んでおられ、読む者を感動させる。

いかにすばらしい真の意味の「天皇」であり、神のような方であったかが窺われる。私がなぜこんなことを言うのか。それは、国家主義、国粋主義者がたたえる明治天皇像を支持するのではない。明治天皇の国を想う至誠が天に届き、それが神霊波として広がったことを知っているからだ。だからこそ、国運があれほど盛りあがったのである。

さて、明治維新の志士たちは多数に及ぶ。その一人ひとりについて守護霊との関連を説明していったのでは、軽く一冊の本ができてしまうほどなので、ここでは代表的な数人に登場願い、歴史的な時代の節目で、霊たちがどのように関わっていたのかをみてみることにしよう。

## 六五〇人の大守護霊団がついていた西郷隆盛

薩摩藩の中心的人物だった西郷隆盛。あの堂々とした態度から、一体どんな守護霊を連想するだろうか。最期は地元の城山で、桜島を見ながら悲運の死を迎えた西郷隆盛には、なんと六五〇人の大守護霊軍団がついていた。その中でも中心的守護霊は、徳川家康、織田信長、豊臣秀吉の三人と楠木正成である。上記三人は、明治維新までは、戦国時代に世の中を治めるためとはいえ、数多くの人々を死に追いやった罰として、地獄界で苦しい修業をしていた身だった。しかし、明治という新しい時代が生まれるにあたって、強烈なパワーを持つ戦国の武将のこの三人を地獄界から恩赦によって引き上げ、西郷隆盛の守護霊となるよう神様が命じたのだ。厳密には、信長は江戸中期からときおり守護霊として活躍している。

とくにこの三人は明治維新では大活躍している。というのも、江戸三〇〇年の太平はこの三人の努力によってつくられたので、それを壊すに当たっても、三人の力を借りたのである。徳川家康は五人ほどを守護霊として導いたし、秀吉は七～八人、信長に至っては十三人ほどを導いている。ところで、西郷隆盛は四人もの強力な守護霊と大守護霊団に守られながらも、なぜ官軍の手によって非業の死を迎えなければならなかったのだろうか。

どうやらその理由は、西郷隆盛のあの性格にあったようだ。こんなことを言うと、地元の人にお叱りを受けるかもしれないが、大将の器《うつわ》になる人は、どこかネジが一本抜けているようなところがある。知らない人からみると、「アホじゃなかろうか」という一面が、かならずあるものなのだ。よくいう、超然として、泰然自若。悪く言うと「間の抜

## 幕末・明治維新に活躍した若者らと守護した主な神霊

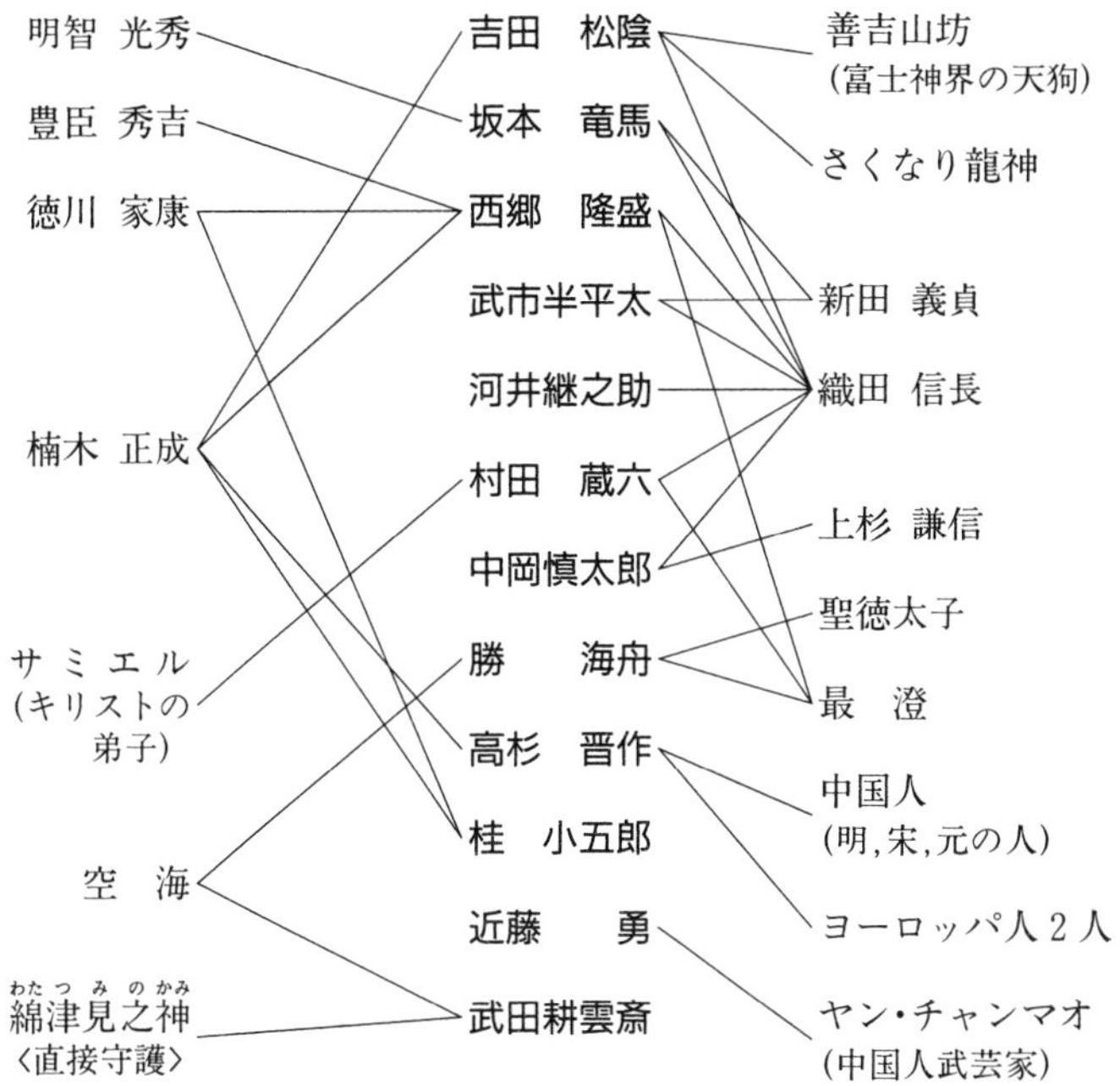

けたノンビリ屋」。

自ら死を決して不満分子をまとめ、義を貫いて国に迷惑をかけないよう、露と消えていこうとした、その死に様はすばらしいと思う。欲をいえば、維新以降、もう少し国のために頑張ってもらいたかったと考えるのは、私一人ではあるまい。

西郷どんの死は善し悪しは別として、時代を先取りする智謀と世知に、少し欠けていたためのようだ。しかも、彼が城山に兵を構えたとき、すでに時代は次なるヒーローを求めていたし、大守護霊軍団も彼のもとから離れようとしていたのだ。

## 役目が終われば消えていくヒーローたち

同じく非業の死を遂げたのが、坂本竜馬。彼には西郷隆盛のような大守護霊団こそついていなかったが、知恵と武勇の神様といわれている摩利支天《まりしてん》が、守護神となっていた。そして、守護霊としては、織田信長に明智光秀、新田義貞らが竜馬を導いていた。

どうやら、竜馬には智将としての信長らが一生懸命働いたようだ。だからこそ、あれだけ激動した日本国内にあって、悠々と世界の国々のことを考えたり、血気にはやっていた薩長など各藩を上手にコントロールして、幕府側と渡りをつけたりできたのだろう。しかも、彼には後盾となるべき兵力もなかった。まさに、知恵と度胸と、そして守護霊の力のみで幕末を走り抜けた男だった。明治維新の立役者たちと、その守護霊の相関図は九三ページのようになっているが、激動の時代であればあるほど、同じような体験をすでに何百年か前にした人物が、守護霊として選ばれていることが多いのに気づく。

そして、明治維新のときに守護霊として活躍した織田信長も、彼が生きていた当時は、なんと守護霊として、聖徳太子、楠木正成、比叡山の開祖・伝教《でんぎょう》大師や、弘法大師がついていたのだ。これらが彼の天才をもたらしたのである。信長は一見すると抜けた雰囲気と残酷非情な雰囲気の両方を持った男だったが、本当の心は、

「たとえ地獄に堕ちても、天下を平定する」

というものだった。そのためには無慈悲ともいえる殺りくをくり返した。実をいうと、神霊界で見た信長は、実にヒョウキンで面白い人物である。冷酷そうに見せたのは、彼一流の芝居で、当時、どこの馬の骨ともわからぬ雇い兵を統率するために演出していたのだ。しかし、それがいつしか本物の性格となっていったところに、彼の悲劇がある。性格が変貌したのは四二歳のころからだった。冷酷な性格があらわれた例として、比叡

山の焼き打ちもそのひとつに数えられるかもしれないが、これは、当時の比叡山の姿が、伝教大師の願いとは遠くかけ離れたものになっていたため、大師が信長に命じて焼き払わせたという一面もあるのだ。

ところで、信長にはなんと五〇〇〇人近い超巨大守護霊団がついていた。メインはもちろん、先の四人だ。しかし、皮肉なことに守護霊団をさらに上回る七〇〇〇人ほどの霊が、霊障として信長を殺そうと狙っていたのだ。

信長の最初の心は「やらなければやられるだけだ。天下平定のため、地獄へ堕ちてもかまわぬ」というものだったが、やがては、天下が目の前にチラツキ始めると慢心してしまい、ついには大守護霊団からも見放されてしまったのだ。

実は、信長が死に至る前に三度ほど改心のチャンスがあった。だが、慢心には勝てず、ついに「本能寺の変」を迎えるのである。

本能寺での信長の最期は、彼の慢心の最大の結果としてとても興味あるものだが、それにもまして、本能寺を真赤に包んで信長を焼き殺した炎に、七〇〇〇人ものウラミがこもっていたのをはたして信長は知っていたのだろうか（なぜ私がこんなことを知っているのか、不思議に思っている読者も多いと思う。実は、過去のすべての出来事は〝神

界ビデオ〟ともいうべきものに記録されており、許可をいただくと、誰でも霊的に見ることが可能なのだ)。

## 非情な霊界のルール

こうやって見てくると、歴史に名を残すような人々というのは、死に際がとてもドラマチックだ。逆に、非業の死を遂げることによって、のちのちまで人々の心の中に残るということになるのかもしれないが、歴史を動かした人々の死には、ひとつのテーマが隠されていることに気がつく。

それは、本人のその時代における使命が終わったら、よほど生き様に注意しないと守護霊から見放されるという点だ。歴史的に、大きな使命を背負って生きると、守護霊の守りも大きくなるかわりに、反対勢力も同時に強くなるのが、神霊界のオキテらしい。

これは、今、志を大きくして生きようと決心した人にもあてはまる。志が大きければ、それだけ妨害も大きくなると覚悟すべきだろう。その妨害は神が試練として与えている場合もあるし、自分が弱すぎたり悪と符合する面があったために、文字どおり悪霊たちが邪魔しに来ている場合もある。

いずれにしても、この試練を避けて通ることはできないのだ。あくまでも、受けて立つ以外に道はない。

悪霊にやられないためには、次に説明するような方法を取るのもいいが、心の持ち方としては、善霊に愛されるよう慢心せず、油断せず、いつも先々を見通しながら前向きの方針を練っていくべきだろう。

そして、神霊界への感謝を忘れないことだ。

明治維新の若人たちから学ぶべき、志と守護霊の働きについてはまだまだたくさんあるが、その解説は改めて別の機会に譲ることとして、最後にひとつだけ、そっと教えておきたいことがある。

それは、今は明治維新にも匹敵するほどの時代の変動期で、神霊界では志の高い若者たちの出現を首を長くして待ち望んでいるということだ。

つまり、その気にさえなれば神霊界からの強い援助によって、ものすごい人物にもなれるのだ。コツは、一党一派、宗門宗派にこだわらず、広い心を持って国と世界を想い、人々への至誠の思いを持ち続けることだ。

# この先祖供養ではかえってマイナス

## 仏壇から不幸のタネを取り除いて家庭円満に

「おばあちゃんと母親の仲がものすごく悪い」「父親はいつも母親の尻に敷かれている」

こういった家庭は結構多い。お互いの性格がそうさせている場合もあるが、中には先祖の霊同士の仲が悪く、その影響が家庭の人間関係にあらわれることも多い。

まさか、そんなことはあるまい、と思われる人もいるかもしれないが、そうなのである。死んでしまったご先祖様は肉体を持っていないというだけで、心はちゃんと霊体となった後でもそのままである。

「なんとなく嫁いびりがしたくなる」「なんとなく夫に当たり散らしたくなる」という心の、〝なんとなく〟という部分が、実は曲者《くせもの》で、そこに先祖霊が働いているといえるのだ。いや、働くというより、霊の心の波調を、人間の側が知らないうちに感じとってしまう、といったほうが正確かもしれない。

たとえば、ひとつの仏壇の中に父方と母方の先祖の位碑が同居している場合は、家庭の中にイザコザが起きやすい。食事がまずい、とささいなことで父親が母親を叱ってみたり、おばあちゃんが、母親をいじめたりする。また、逆に嫁が姑に対して陰険な仕打ちをしたりする。兄弟ゲンカも多く、家の中はいつもトゲトゲしい雰囲気に包まれている、といった感じである。

原因は仏壇の中で、ご先祖様の霊同士がしっくりいっていないからだ。というのも、狭い仏壇の中で、四六時中両家の霊が顔をつきあわせているのだから、イライラするほうが当たり前。こういう場合は、位牌を別個の仏壇の中に入れて、ご供養するとよい。

われわれだってそうだろう。六畳一間の部屋に、五人も六人も詰め込まれたら、息苦しくてしかたがない。しかも、血のつながりのない者同士なら、なおさら大変だ。同じ現象が、狭い仏壇の中で起きていると考えていい。

父親方の位牌と母親方の位牌を別々の仏壇に移せば、ご先祖様もゆっくりできる、というわけだ。

ちょうど、妻の親戚のために、離れをつくって、個別のプライバシーを守りつつ、住むのに似ている。これで一応はおさまるはずだ。

## 明るく爽やかな場所に位牌を置くと先祖は喜ぶ

死んで肉体が滅びると、幽界という場所へ旅立つ。死後三〇年間、ここで訓練して人間界のさまざまな未練を断ち切ることになる。この期間の、地上への仮の通い宿としての役割をはたすのが、位牌。したがって死んだ人の霊は、通常の場合は位牌についていると考えられている。なかには、人の体につく霊もいるが、これは神霊界のルール違反である。あとで、厳しく処罰されるのだが、この世の未練やうらみが大きすぎると、人の体につく。人間界でも、法を破って、人殺しや盗みをする者がいるのと同じである。位牌ではなく、物につく霊もいるが、これも許されない。死んだ霊の務めは、まず霊界で修業することが第一だからである。とにかく、人につくこと、悪いことをすることは、神霊界では禁止されている。

さて、われわれ人間も暗くてジメジメした場所に住みたいと思わないのと同様、位牌を仮の宿とする霊も、できるだけ小ざっぱりとした明るいところを好むものである。「3LDK、庭つき一戸建て位牌」などと贅沢《ぜいたく》はいわないが、トイレの横とか物置きの隣りはかんべんしてほしい、と願っている。そして、できれば薄陽が差し、四季折々の自然が感じられる場所ぐらいは最低限望んでいるだろう。子孫と共にいられるリビングが一番喜ばれる。

二週間も三週間も仏壇に閉じ込めっぱなし。掃除も二カ月に一度というのでは、霊も喜ぶまい。真面目な霊ならば「しょうがない子孫たちだ」と、しかめっつらをする程度で許してくれるかもしれないが、そのかわり幸福をもたらすこともついためらいがちになろう。ちょっとヘソ曲りで、しかも子孫をうらんでいたりすれば、「コノヤロウ」などと腹を立て、ゴツンとゲンコツを見舞うことも十分考えられる。しかも、「こんな位牌にはいられない」と霊がさっさと逃げ出すこともある。すると、空き家になった位牌に、家の周りをウロウロしていた「宿なし浮遊霊」が、ちゃっかり住みつく危険性もあるわけだ。

浮遊霊によい霊はいない。よい霊ならば、ちゃんと位牌などにつき、霊界で一生懸命修業を積んでいるはずだから、浮遊しているひまなぞないのである。「貧乏神」「疫病神」の使いともいうべき、浮遊霊たちに位牌が占領されると、その家にはロクなことが起きない。

病気、事故、火事、家庭不和……。まるで不幸を絵に描いたような一家になってしまうこともあり得る。だから、仏壇、位牌、神棚など、先祖霊の宿る場所はいつも清潔にしておく必要があるのだ。

いろいろな事情があって、位牌を置く場所が適当でないことがある。２ＤＫに一家五人、タンスや机で部屋が狭くなり、仏壇や位牌が押し入れの横などに追いやられている場合である。あるいは、家を増改築するときも、やはり仏壇は隅に追いやられることがある。事情が事情だけに、こういう場合はご先祖様の霊に誠意をもって説明して、許しを請うしかない。

「部屋が狭くて、こんな場所で無理をねがってすみません。よい部屋を作りましたら、そちらへ移っていただきますから、それまでしばらくの間我慢していてください」

そのような場合、ご先祖様の霊は、「ダメ」とは言わないはずだ。

「ああ、いいよ。その真心だけで十分。お前たちも狭い部屋で大変だな。幸運の神様に会ったら、部屋を広くしてくださるよう、わしからもお願いしてみよう」

ということになるであろう。狭いのはやむをえないが、先ほども言ったように不潔にしていてはいけないし、また位牌の順列を乱していいことにもならない。

位牌の順列とは、たとえば、母方の位牌が、父方より上位にある場合などだ。こうすると、母親の先祖が父親の先祖の上になるため、家庭の中は女性上位になってしまう。父親が母親の尻に敷かれたりするのは、これが原因であることも多い。

以上、いろいろ説明したが、大切なことは、

①清潔

②真心

③明るくて雰囲気のいい場所

④順列と規則（ひとつの仏壇、あるいは神棚などに、直系以外の多数の位牌を並べない）

先祖代々と記した位牌と、死後三〇年ぐらいまでの直系の人たちのそれぞれの位牌を、墨塗りに金文字で書き、後者をやや小さめに製作してもらうのである。これが最も霊たちに喜ばれる。あまり深刻に考える必要はないが、かといって軽く扱うことは厳に慎むべきだ。また、浄土真宗や日蓮宗の信心を昔から行っている家では、仏壇はあっても阿弥陀如来の絵図や曼陀羅《まんだら》があるだけで位牌のない場合も多い。

先祖代々すべての人々が、それぞれの信仰で救われたい、と心から願って死に、浄土に行っているのなら、位牌がなくても、なんの問題もない。しかし、不信心だった先祖

はどうなるのか。命日になれば仏壇にやってくる。ところが、仏壇に位牌がなければ不信心だった先祖の霊は子孫の身体にくっつくしかない。

これが問題なのである。こうした状態を避けるには、次のように考えてはどうだろう。

宗門宗派の教理やしきたりもわからないではないが、霊界の実情からみれば、正式の位牌も置き、掛け軸も掛けるべきである、というのが私の持論だ。「位牌を置く」というだけで、日蓮上人や親鸞の教えにそむくとは思えない。形よりも、先祖霊のためを思って宗祖の真の精神を受け継ぐことのほうが大切であると考えるからである。

また、神式については、先祖をまつっている場所はすがすがしくて明るいが、ランクの低い霊界へ行った先祖の場合、神霊の光がまぶしくて近寄れないことも多い。そういう場合も、先祖霊は子孫の身体にくっつくのである。

こうしたことからいえば、神仏習合してオーソドックスな仏壇と位牌も置くべきである。日本の神霊は、決してそれをおとがめになることはないので安心していただきたい。ただ、蛇や龍神などはおおらかさがないのでよく気をつけていただきたい。

## ご先祖様の霊界修業を邪魔しない

霊界というのは、非常に多くの階級（霊層）にわかれていて、それらが秩序正しく厳然と定められている。もちろん上層に行けば行くほど気持ちのいい世界、つまり天国に近くなる。だから、どの霊たちも少しでも上の階層に行こうと必死になる。

しかし、ランクを上げるためにはいわば無形の昇進試験のようなものがあり、これにパスしなければいけない。そのためには修業を積む必要がある。とくに、死後三〇年間は、この世のアカを洗い落とし、未練を断ち切ることが、第一の修業となっている。

ところが、その修業を妨げるものが、この世の人々の心だ。残された人が故人を懐しみ、遺徳を偲んで学び、「精一杯頑張るゾ！」と積極的に生きるためのバネにするぐらいの気持ちがあればよいが、「あの人がいてくれたら、こんなことにはならなかったのに」とか「どうして死んじゃったの！」と、いつまでも未練タラタラで故人を偲ぶことは、年回忌（しかも三〇年以内）以外はよくないことなのだ。

この世の人が、すでに霊幽界で修業をしている霊に対して、「あなたが生きていたら」と心に思うと、それは念となって霊に届く。思いが強ければ強いほど、強力な念となって、霊をこの世に引き戻そうとする。つまり、霊のほうでも未練が断ち切れずに、修業に打ち込めないことになるわけだ。霊界では、少しでも現世のことを〝回想〟すると、たちまち霊は現世のどこかに帰ってしまう。霊界は意志と想念の世界であるからだ。

仏壇や神棚に手を合わせ、死んで間もないご先祖様を拝むときは、「未練を断ち切って、霊界で修業を積んでください。みんなのことは心配しないでください。大丈夫ですから」と念じるべきだろう。そうすれば、霊も安心して未練を断ち切ることができる。いうなれば「成仏」できるというわけである。お盆と年回忌以外は、あまり過度に先祖を思い出すのはやめよう。曾祖父の写真なども、大切に飾っておくのは禁物だ。アルバムにしまっておこう。そして、先祖代々の霊位にお鎮《しず》まりいただくように申し上げる。子孫が夜尿症であったり、ぜん息であったり、脳出血などになるのもこういう先祖霊が苦しみを訴える〝戒告〟である場合が少なからずある。

## 供え物をいつまでも置いてはいけない

朝、お供えしたものを夜まで仏壇に置いておく、などということはないだろうか。これはよくないのでやめたほうがいい。せいぜい二五分ぐらいが限度。われわれも食事の時間は三〇分前後が普通だ。位牌についている霊だって、食事時間は同じなのだ。

長い時間放っておくと、近所の雑霊が、まるでゴキブリかネズミのように、コソコソと寄ってきて食べる。リンゴやミカンなどの果物、あるいはお菓子なども、やはり長時間置いておかないほうがいいが、こういったものは、霊が食べやすいように、なるべく皮をむいてお供えするようにしたい。

「ご先祖様、どうぞ召し上がってください」

という気持ちで供え、二〇分から三〇分経ったら、雑霊に食べられないうちに人間様の胃袋に収めてしまう。ご先祖様は食べ物の霊気を食べ、人間は物質を食べる、というわけである。

お酒が好きなご先祖様だったら、特級酒ぐらいのを供えたらよい。神様にお供えしたものは、〝神気〟が残るので、酒もその他のお供え物も、この〝神気〟のために若干だが味が向上しているはずだ。ところが、ご先祖様の場合は逆で、特級酒が一級酒に、一級酒は二級酒に落ちる。先祖霊が供物を食べた証拠である。

ところで、お地蔵様などにお供えしてある食べ物だが、たいていは置きっぱなし、供えっぱなしだ。だから、当然、雑霊たちがそのあたりにウヨウヨしている。こういう場所で妙なお願いでもしようものなら、ワッと一斉にとりつかれてしまう。古く汚くなってしまったお供え物が置いてあったら、きれいに片づけてあげたほうが、お地蔵様も喜ぶだろう。そのあと、持参したお供え物を置くようにする。もし、手を合わせてお祈りするのなら、個人的な願いは避けて、「この道で事故が起きませんように」とか「町が栄えますように」と、みんなが幸せになるようなものにしたほうがよい。そうすれば、雑霊などにとりつかれなくて済む。

なお、お供え物も同じように、二〇〜三〇分ぐらい経ったら持ち帰るようにする。

## 命日は霊の誕生日

よく使う言葉に「生前」というのがある。「生前お世話になった」「生前やり遂げたかったこと」「生前の言葉」などと使う。つまり、「生前」とは、死ぬ前のことを通常指している言葉なわけだ。しかし、これは考えてみるとおかしい。死ぬ前だったら、当然「死前」ということになる。「死前は大変お世話になりました」とならなければ、辻つまが合

御先祖様

わない。それなのに、どうして「生前」なのだろうか。実は、この言葉は霊界から見た「死」を指しているのだ。

どういうことかというと、肉体が滅んでも、魂はちゃんと生きている。生きているどころか、肉体を脱ぎ去って、自由に空間を行き来できる四次元の世界へ新しく「生まれ変わる」とき、それが、肉体が死んだときなのだ。だから、霊界から見ると、肉体が死んで霊が誕生するということになる。それで、霊界からみれば、現世は「生前」ということになるのだ。「霊界へ生まれ出る前」ということなのだ。

肉体が死んだ日を命日といい、故人を偲んで、その日はご馳走をお供えするのが普通になっているが、霊界から見ると、その日はちょうど誕生日。霊界の規則では、一日だけ修業を休めることになっている。だから、霊は家に帰ってきて、ゆっくりくつろぎ、お供え物のご馳走に舌鼓を打っている。

ところで、われわれもそうだが、誕生パーティーに一人では行きづらい。親しい友人がいれば一緒に来ないか、と誘うのが常だ。霊もそう思っている。

「子どもたちが、ぼくの好物だったマグロの刺身やお酒を用意しているんだが、どうだい、修業の手を休めてちょっと食べに来ないか?」という具合になる。「それじゃ、お言葉に甘えて、一口だけ食べに行くよ」というわけで、故人の命日には、霊の友人たちも集まってくる場合が多い。そういうわけで、命日のお供え物はある程度豪華に、故人の好物を中心に揃えたほうが、霊は喜ぶ。ただし、祥月命日《しょうつき》をこのようにすることは、霊界では許されてはいない。

その他、霊たちが「一時帰宅」を許されるのはお盆の四日間。やっぱりこの日も、ある程度ご馳走を用意しておいたほうがいい。とくに、霊界でも地獄に近い低い階級にいる霊は、はっきり言うと毎日のお供え物を食べることも許されていないのだ。いつもお腹をすかせながら修業し、命日とお盆の四日間を、一日千秋の思いで待っている。だから、せめてその日だけは、思う存分に、おいしいものを食べさせてあげるべきだ。仏壇、位牌を設けず、命日さえも、先祖供養をしなかったために、家運が傾くというのは、実は、このような霊が騒ぐことが原因している。

## 霊が喜べば家運は上向く

要約すれば、位牌についているご先祖様の霊が、安心して修業ができ、また悩み苦しんでいる霊には、少しでも楽になってもらえるようにすることだ。すると、家の中のいざこざは自然と解消し、運勢も上向く。そうかといって、戒名と命日を何十年もさかのぼって探し、毎日お経をあげるのも考えもの。前述したように、せっかく悟って霊界に行って修業している霊に対しても、毎日、現世に想いを引っぱり戻そうとしているのに等しいからである。そういう修業に専念している霊にとっては、まことに迷惑なことであることがおわかりいただけると思う。それでも、どうしても毎日供養をしたかったら、三〇年以内の霊だけに限るのがよい。宗門宗派の教理を超えて、これは霊界の真実の掟に照らして述べていることなのである。

ところで、ここでちょっとペットの供養について述べておこう。最近は、ペット専用の墓もあり、お葬式も人間並みに行っている人も多い。このペットの霊供養の〝正式なやり方〟は、今まで誰も説《と》かなかったし、私も今回、神様にお伺いして初めて知ったのである。それは、死後三年の間、偶数月の月命日に専心に供養して、あとは「さわらび地蔵尊」(ペット専用の地蔵尊。一般的な地蔵尊をイメージすればよい)にお願いして、動物たちの行くべき霊界に送ってやるのが本当なのである。それから、なるべく早く忘れるよう心掛けたい。要するに生きている人間の心構えとしては、いかに死者たちの霊の修業を助けるかが大切となる。

生きている者たちだけが供養を含めて楽しくて、死んでしまった人やご先祖様の霊はどうでもいい、というわけにはいかないのである。家の中に誰か一人でも落ち込んで辛い思いをしている人がいると、家全体が暗い雰囲気になってしまうのと理屈は同じ。ご先祖様の霊も、家族の一員と考えるべきなのだ。

ご先祖様の霊を、赤ちゃんにたとえて考えると、その存在がよくわかるだろう。

赤ちゃんは、ものも言わず、ミルクを飲んで寝るだけだ。自分からなにひとつできない、世話ばかりかかる存在だが、時々見せてくれる笑顔がたまらなくかわいい。そして、不思議なことに、赤ちゃんが一人いるだけで、家中に笑いがあふれ、明るい雰囲気でみんなの心が満たされるようになる。

なんにもできない赤ちゃんだが、みんなが愛情を注いだ分以上の「お返し」を、ちゃんとしてくれるのである。

ご先祖様の霊を大事にするというのもまったく同じで、赤ちゃんの「かわいい笑顔」に匹敵する「幸運」を、ちゃんともたらしてくれるのである。

たとえば、家庭不和を解消するのもそうだし、入学試験や就職試験といった面でも、いい結果を与えてくれる。また、交通事故を未然に防いだり、病気などから守ってくれる。

ご先祖様の霊が、守護霊の統率のもとに背後霊の構成員となって直接働き、幸運をもたらす。また、家族がご先祖を大切にしている様子を見て、守護霊や守護神といった霊的パワーの強い存在が、家族を守るようになるのだ。自分たちが大先祖にあたる場合が多いからである。

ほとんどの場合、守護霊は自分の父親か母親と直接血のつながった十数代前の、非常に徳の高い人がなる。したがって、ご先祖様の霊を大切にするということは、とりもなおさず、守護霊も喜ぶのである。

親類の間で不幸が続くとか、家族の人間関係がどうもシックリいかないという場合は、一度ご先祖様の霊をそれまでどう扱ってきたか、真剣に考え直してみる必要があるだろう。他の原因も多いが、案外、位牌の位置が違っていたり、あるいは仏壇などが隅っこに追いやられていたり、汚れていたという些細なことが原因だった、ということも多いのである。

肉体がないのでものを言えないのが霊だが（実際は、いろいろしゃべっているのだが、人間のほうが鈍感になっていて聞こえない)、霊の気持ちを知って、正しく供養するのが、幸運をつかむ近道のひとつなのである。

# 第三章

# このひと言を信じて運は大きく開ける

# この呪文（パワーコール）で神霊界を動かす

## クワバラクワバラは昔のパワーコール

呪文といえばすぐ思い浮かぶのが、「クワバラ、クワバラ」と「ナンマイダブツ」である。どちらも、魔除《まよ》け的存在として、つとに有名だが、これはもう古い。「クワバラ」は、もともとは地名。昔、この村に気丈な娘さんがいて、雲から落ちたドジな雷様を、空に帰してあげたという。雷様は娘に感謝し、この村に雷を落とさないように約束したそうだ。こうして人々は、この村の名前を唱えるようになったという。

「ナンマイダブツ」は、南無阿弥陀仏が訛《なま》ったもので、浄土宗の経文だ。詳しい説明は省くが、要するに阿弥陀仏にすべて身をゆだねます、といった意味で、簡単に「ナンマイダ」あるいは「ナムサン」などとも言う。

「クワバラ」にしても「ナンマイダブツ」にしても庶民的で覚えやすい。呪文はなによりも覚えやすくなくてはいけない。しかし、あまり簡単すぎて、唱える人の気持ちが入らず、呪文の効果を失ってしまってはなんにもならない。ただ簡単だからよいということにはならないのだ。

ところで、本当の意味での呪文とは一体なんなのか。どうして、呪文を唱えると、悪霊たちが本当に去ってしまうのだろうか。呪文は神霊界のパワーを、自分たちに降り注がせることができる秘法なのだ。それはちょうど、雲の間から一条の糸となって射し込む太陽の光にも似ている。周囲の人々は暗闇のなかにうずもれているのに、呪文を唱えた人だけが、ピカピカと光が当たったように明るいのだ。

なぜそうなるのかといえば、呪文のひとつひとつの音に深い意味があり、それが言霊《ことだま》（言葉も一種の霊波という考え）の波動となって、神霊幸運パワーをもたらすからだ。いうなれば、神仏を動かす〝約束言語〟と思ってもらってよい。

次にすべて神霊界から来ている本物の呪文を紹介したい。これを唱えれば、たちどころに、神霊パワーに満たされる。いうなれば「神霊界お助け呪文」であるが、本書では、ちょっとしゃれて「神霊界パワーコール」（略してパワーコール）ということにしよう。

ただ、ここで注意すべきことがある。これはとても重要なことなので、絶対に忘れないでほしい。呪文パワーを確信すると同時に、自分も精一杯努力することでパワーに頼りすぎてはいけない。その理由はのちに説明したい。

ともかく、「クワバラ」や「ナンマイダブッ」と違って、本物のパワーコールだ。少々、なじみにくい文句もあるかもしれないが、多い量ではないので、十分丸暗記できる。慣れてしまえばなんでもなくなるだろう（パワーコールの簡単な覚え方、および効果については一九〇ページの一覧表を参照のこと）。

## なぜパワーが得られるのか

神霊的次元で宇宙を眺めると、地球を含む太陽系は、霊的世界となっている。そのなかでも例外的存在が地球で、なんと地球では肉体をつけた霊が充満しており、しかもほとんどの人が、自分は霊的存在だとは気づいていない。

では太陽系外の外宇宙の星々はどうなっているか。それは霊的存在より、もっと高い次元で生存している神々の世界、神霊世界となる。地球（人）を平社員にたとえるなら、太陽系惑星の霊たちは係長、課長クラス。外宇宙の神々はさしずめ部長、重役クラス。トップの社長は、大宇宙的存在で、その中心となっているのが主神《すしん》。

社長
部長
課長

さて、私たちの普通の願い、祈りは、人間（肉体つき）→霊→神々の順に聞き届けられる。ところが、パワーコールは社長、重役へ直訴、私たちの祈りを直接神様に聞いてもらうことになる。これは強力だ。しかし、よく考えてみると、平社員の悩みを解決するために、部長や重役が直接手を下すだろうか。常識的に、まずそんなことはない。ルールとしては、平社員の悩みを知った重役は、社員直属の上司の課長か係長を呼んで、「君、すまんがA君が悩んで助けを求めているようだから、ちょっと行って悩みを聞いてやってくれ」

と指示を出す。命令を受けた課長はさっそく平社員を直接指導して、速やかに解決方法をみつけ、悩みの淵で苦しんでいる平社員を救い上げる、というわけだ。その際、課長は重役から平社員へと託されたプレゼント券を、「これは重役からだ」と言って手渡すことになる。

つまり、平社員は課長から、神霊世界のパワーと運勢が込められたプレゼント券つきの相談を受けることができるわけだ。しかも、ちゃんと、首尾一貫して課長の働き具合を神霊が高御倉《たかみくら》（神界で神霊のいるところ）から見守っているので、課長もフルパワーで、平社員の面倒をみるのである。まさに、いたれりつくせりの「霊界サービス」だ。

パワーコールを唱えるだけで、これだけのサービスを受けられるというのは、本当に夢のようなことだ。

金で買えない幸運が、パワーコールによって自分のものになる。運勢も爆発的に跳ねあがって、一〇〇倍ぐらいになるのは間違いないだろう。まさに、驚異のパワーコール。これで人生は明るくなり、幸せは数十倍になる。

## 唱えると〝善霊〟が集まる

驚異のパワーコールの一番バッターとして登場するのが、これ。

**「センテン　ナム　フルホビル」**

ナ、ナンダこれは!?　と驚かれている方も多いと思うが、無理はない。なにしろ、聞いたこともない言葉である。だが、このパワーコールは、本人の霊的世界を一大転換させることができるのだ。

地上に神霊界パワーが降り注ぐプロセスは、本人↓パワーコール↓神霊界↓霊界↓本人となっている。パワーコールの種類によって、神霊界の反応も違う。この「センテン

ナム　フルホビル」は確信呪文といって、まず確信することからすべてが始まる。「本当かなあ、どうせウソっぱちに決まっている」と半信半疑でパワーコールしても、正直言って効果はない。しかし、確信すれば、次のような霊的効果を得ることが可能である。

まず第一に、守護霊を中心に善霊や幸運の〝気〟が大集合し、大きく守護される。第二に、自分自身と守護霊が合体し、霊感が鋭く研ぎ澄まされてくる。

このふたつの霊的効果によって、災いは去り、幸運が舞い込む。それと同時に生き方は前向きとなり、心身ともに元気ハツラツ、クヨクヨしない自分となれる。それから、このパワーコールは動物、植物の精霊もなびかせることができるのである。

## 二八ソバの原理とはなにか

二八《にはち》ソバというのがある。ソバ粉八の割合に対して、つなぎが二。この配分が、一番うまいとされるおソバのことだ。なぜ急におソバの話を持ち出してきたかといえば、八と二の分量は、確信とパワーコールの関係によく似ているからだ。つまり、確信することが八割で、残りの二割がパワーコールに託して神様に心をゆだねること。これで神界からのパワーを全身に浴びることができる。パワーは確信の度合に比例するといえる。「パワーコールで強くなっている。守護されている。運勢は爆発的によくなる」と確信することが最も大切なことなのだ。これを「二八ソバの原理」という。「センテン　ナム　フルホビル」に限らず、すべてのパワーコールについても同じことがいえるので「二八ソバの原理」は絶対に忘れないようにしたい。

一生懸命、パワーコールを暗記して唱えても、口先だけでは天まで届かない。真心を込め、「必ずやれる」と確信すれば、それがエネルギーとなって、天に達するのだ。パワーコールを神霊界あての手紙だとすれば、真心と確信は切手のようなもの。切手の貼られていない手紙は、相手に届かないのと同じ理屈になる。

さて、切手もちゃんと貼り、パワーコールもしっかりしたためた。すると、その瞬間に配達屋さんがやってきて、神霊界へ届けてくれる。神霊界では、手紙の内容が私利私欲に偏りすぎていないか、誰かを不幸に陥れるためのものではないか、などを慎重に吟味し、世のため人のためになるようであれば、すぐさま返事を霊界経由で本人へ伝える、というわけだ。中には、神霊界からダイレクトで届く返事もあるが。

## 大木のような人間に成長しよう

鉢の中の植木は、どんなにあがいたって観賞用でしかない。しかし、大地にしっかり根を張る大木は、人や動物に憩いの場を提供し、伐採されても家や橋を造る材料となれる。同じ樹木でありながら、このようにふたつの種類があるように、人間も「植木人間」と「大木人間」に分けることができる。

大きな志と強い意志は根であり、行動は幹や枝である。結果は「実」としてあらわれる。「実り多い人生」を送るためには、当然それにともなう、根や幹を持たなければならない。どうせ一度の人生なら、多くの人々の役に立つような「大木人間」になりたい。そのためには、日頃の心の持ち方が重要になってくる。

「守護霊さん、いつも自分を守ってくれてありがとうございます。自分が強く、賢く、たくましくなることで、みんなを幸せにできるようお導きください」

小さいころからこういう発想のクセをつけると、非常に運の強い人間になれる。パワーコールで霊的な基盤をきっちり作り、その基盤の上で大輪の花を咲かせることが可能だ。いや、可能というより、必ずそうなる。「自分は大木人間になるんだ」と確信しながら「センテン　ナム　フルホビル」と唱えればいいわけだ。

## 意外！　いじめの原因も霊のいたずら

パワーコールのもっと身近な効果として、小中学生ならいじめっ子から自分をガードできることがあげられる。が、その方法を述べる前に、まず、イジメ現象を霊的に見る必要がある。次のような原因が挙げられよう。

①家を代々うらんでいる霊のたたり
②お父さんや兄弟をねたんでいる水子の霊
③学校などに住みついていてイタズラをする子ダヌキ、子ギツネの霊
④バイオレンス劇画やテレビの見すぎで、潜在意識で「一度やってみたい」と思い始めたイジメッ子自身の霊

みんなからいじめられる子は、どことなく表情が暗い。本人はあまり自覚していないかもしれないが、うらみやねたみの霊がベタッとひっついているので、友だちは、「こいつ、いやなやつだな」と感じてしまう。本人がいくら明るそうに振舞ってみても、霊が

暗い雰囲気をつくり出し、相手に「こいつをいじめろ！」と働きかけるわけだ。

いじめっ子のほうも、たいてい無意識のうちに悪霊に支配されている。「なぜか、ムシが好かない」「自分でも気づかないうちに、いじめている」といった具合だ。

どんな悪人にだって良心はある。もちろん、いじめっ子にも良心はある。他人を殴ったり蹴ったり、罵倒するのは良心が痛む。だから、心の深奥では〝いじめたくない〟と思っているはずなのに、いじめてしまうのは、悪霊がそうさせているのだ。

いわば、「イジメ霊」が、子どもたちの心をコントロールしているといっていい。だから、いじめっ子、いじめられっ子の本当の敵は、この「イジメ霊」なのだ。

## 徒党を組む「イジメ霊」

いじめをそそのかす霊は、たいてい力が弱い。一匹（あるいは一霊）だけでは、なにもできないことが多い。にもかかわらず、人の心の中に住みついて影響を与えるのは、霊が集団となってパワーアップしているからだ。いうならば、「悪霊いじめ軍団」を形成しているのだ。

とくに、学校には「学校子ダヌキ」「学校子ギツネ」軍団がたくさんいて、これがさらに大きな集団を作り、弱い者いじめをする。いじめられ、泣きべそをかいている子どもを見て、「ヤーイ、ヤーイ」とはやし立てて喜んでいる。それが、学校子ダヌキ軍団の〝楽しみ〟でもあるわけだ。

いじめっ子はグループを作って、二、三人の子どもを集中攻撃するが、これは悪霊たちが徒党を組んでいるからにほかならない。「類は友を呼ぶ」のたとえどおりなのだ。

霊を巨大化させてしまうのは、人間の側がそうさせているためである。つまり、心の中(想念ともいう)で、「やられるかもしれない」とか「今日はあいつをいじめてやろう」と思い続けているからだ。

「こわい、こわい」と不安がっていると、「イジメ霊」がそれを見て、「おいみんな、こいつは俺たちを恐れているぞ。そんなにこわいのならもっとイジメてやろう」ということになってしまう。「こわい」と思う想念が「イジメ霊」を大きく成長させることになる。

一方、いじめる側はいじめる側でいろいろ悪いことを考えている。「今日はあいつの弁当を食べてしまおう」とか「鉛筆の芯を全部折ってやろう」などと計画をたて、頭の中で自分がいじめている様子を思い浮かべる。この想念が「イジメ霊」を呼び集める。こうした両者の想念が強くなればなるほど、悪霊は大きく成長していく。結局のところ、いじめの被害者も加害者も、悪霊にいじめられている点では、まったく同じなのだ。

## イジメ霊はこうやって追い払う

「イジメ霊」から身を守るためには、次の三つのことを実行すればよい。

①自信を持つ。勉強やスポーツ、遊び、なんでもよいからこれが一番得意、というものを身につける。

②体力をつける。背が低いとか足が短いというのは先天的なもので仕方がない。が、丈夫な体をつくる。とくに胃腸を丈夫にして、なんでもよく食べるようにすると自分の霊が強くなり、背後霊も強化される。病弱はよくない。

③意志、気力を強くする。ものごとを途中で投げ出したりせず、やると決めたら最後までやり通す。周囲の人全部があきらめても、自分は最後まであきらめないぞ！　という意志の強さを持つと、自分のオーラが強くまぶしくなり、悪霊を寄せつけなくなる。

以上の三つを身につければ、「イジメ霊」は寄りつかなくなる。もちろん、大前提として「センテン　ナム　フルホビル」のパワーコールを唱えることはいうまでもない。どうして、この三つの要素で「イジメ霊」がシッポを巻いて逃げ出すのか。霊界から見た様子を説明しよう。

まず①について。「イジメ霊」は先ほども説明したとおり、一霊だけでは力が弱い。弱い霊は、力の強い者に対してペコペコ頭を下げる性質がある。集団になると、少しは威張るようになるが、性質そのものは変わらないので、「勉強はダメでも、スポーツなら誰にも負けないゾ」と自分に自信を持っていると、それが強力なオーラとなり、それに守護霊も加勢してさらに巨大化するため、「ヒャー、降参、降参」と言いながら、悪霊は頭を下げる。

次の②について。よく金しばりにあったり、悪夢にうなされる人は胃腸の弱い人が多い。これを「虚弱霊媒体質」というが、悪霊に狙われやすい。だから、なんでもよく食べて、健康な体をつくるようにする。食べ物にも霊気がこもっているので、「霊気の栄養で元気になるゾ」と想念を込めて食べれば、胃腸を棲み家としていた悪霊が追い出されホルモンの分泌もよくなり、普通に食べたときの一〇倍も胃腸を丈夫にすることができる。また、体力が強くなれば、勉強やスポーツ、なんでも積極的に取り組めるようになる。「健全な精神は健全な肉体に宿る」といわれるが、この場合は「健全な霊は健全な体に宿る」である。実際、健全な体のオーラや霊気は大きくて強いため、悪霊を寄せつけない。

最後の③について。「頑張るゾ、負けないゾ」といつも思っていると念の力が強くなる。いわゆる「念力」である。悪い念力を持つと悪霊が寄ってくるが、よい念力、つまり「いじめの霊なんかに負けないぞ」「守護霊さんがいつも守ってくれているから絶対大丈夫」と思っていると、悪霊はどっかへ消え失せていく。強くてよい念力には善霊が結集するため、悪霊も抗しきれない。

以上説明してきた方法でやれば、「イジメ霊」を撃退することができる。

## 守護霊団をもっと活用する法

「センテン　ナム　フルホビル」。このパワーコールの、もっと効果的な活用方法をここで説明しよう。

一三七ページのイラストを見ていただきたい。人間の顔がいっぱい集まって、それがひとつの大きな顔になっている。このイラストをじっと見ていただくと、心の奥底からパワーが湧き出してくるのを感じていただけると思う。実は、「センテン　ナム　フルホビル」のパワーコールを唱えると、守護霊軍団はこのようなスタイルになるのだ。

静かな部屋で心を落ちつけて、パワーコールを唱える。そして、頭の中に浮かんだ守護霊軍団の様子を自分なりに、ノートや画用紙に描いてみよう。顔はピカピカ光っていて、みんな力強くニコニコ笑っている。なにも難しく考える必要はない。あくまでもイメージを形にする気持ちで描けばいい。

さて、できあがった「強力守護霊軍団・合体パワーの図」を、いつも見える場所に貼る。そして、パワーコールを唱えるときは、必ずこのイラストを見ながら「自分には、この合体パワーが宿っている。誰にも負けないゾ」と念を込めるようにする。こうなれば、本当にパワーが全身にみなぎってくる（第五章の「神界ロゴ」を併用するとさらに効果的）。また、自分に欠点があると思った場合は、その欠点がなくなるよう念を込める。たとえば、ねばり強さに欠けると思ったら、「自分にはねばり強さがある。誰にも負けないねばり強さがあるんだ」と唱える。あるいは、友だちから「弱虫、臆病者」と言

われていたら、「自分は弱虫なんかじゃない。臆病者でもない。いつだって、この心の中に勇気がある。合体パワーがあるんだ」と声を出して唱え、それを確信するようにする。事実、パワーコールによって、そういう力が備わっているのだ。

大切なのは、確信する力だ。「二八ソバの原理」のところでも説明したが、強く確信すれば、それに応じた力を自分の潜在能力にプラスして、守護霊軍団が与えてくれるものだ。「自分には勇気がある。守護霊さんたちが守っている」とノートに書き、口に出し、そして、そういう強い自分自身の姿を想像し続ける。そうすれば、確信は一層深くなる。守護霊軍団はいつもわれわれのそばにいる！　そう確信することである。これが、神霊界パワーを自分のものにする「守護霊軍団・活用秘法」である。

## 悪霊も軍団で襲ってくる！

「守護霊軍団・活用秘法」を実践していると、体の芯からパワーがみなぎってくる。だが、注意しなければならないのは、神霊界や守護霊への感謝を忘れたり、この秘法を友だちに自慢げにしゃべりまくることだ。そうすると、悪霊天狗がつき、ピタッとパワーがストップしてしまうことになる。パワーがストップすると、急に自信がなくなり、なにをやっても失敗するんじゃないか、などと思い始める。霊界から見ると、守護霊軍団がバラバラになり、合体パワーも消えてしまっている。

その一方で、今度は悪霊たちが軍団を形成し、勢力をどんどん拡大することになる。守護霊軍団は遠ざかり、悪霊軍団が急接近、非常事態の様相を呈しはじめる。まさに、ブラックホールに吸い込まれるロケット、蟻地獄に足をとられた蟻そのものだ。

しかし、悪霊軍団のブラックホールから脱出できる方法がある。それは「最後は必ず守護霊軍団が勝つ」という確信と、反省である。パワーがストップするのには、必ず原因がある。その原因がなんであるのかを深く考えて、反省すべき点があれば素直にそれを認める。そうすれば、再び、神霊界からパワーが降ってきて、強力な守護霊軍団が結成されることになるわけだ。ちなみにパワーストップの一番多い原因は、「我と慢心」および「怠惰」である。

今の世の中を神霊界から眺めると、邪霊、悪霊などが横行している。とくに、目上や年上の人を敬うことが忘れ去られ、しかも、学校や社会、家庭で道徳教育も行われていない。だから、子どもたちは誰をどう敬っていいのかわからなくなり、自分の思うがままに行動している。大人が「自分さえよければ、他人はどうなってもいい」などという自分勝手な想念を持つので、それが霊界にも反映してしまったのだ。しかし守護霊は昔の人が多いので、昔型の礼節で挨拶したり尊敬の思いを向けると、喜んで味方をしてくれる。

悪霊たちがウヨウヨし、それが軍団を結成して人間を襲うのだから、よほどしっかりしていないと、すぐやられてしまう。悪霊が嫌うのは、先にあげたとおり、自信と体力と正しい念力だ。この力を、正しい方向で強化し、パワーコールを唱えれば守護霊軍団が、悪霊軍団の攻撃から守ってくれるのだ。昔は、ニンニクや十字架、お数珠で悪霊から身を守ったが、今は、パワーコールと確信で守る時代になったというわけだ。

## 不動明王が象徴するパワー

たいていの「イジメ霊」は、「センテン　ナム　フルホビル」の守護霊合体パワーで逃げ出すが、なかにはものすごい強烈パワーを持つ「イジメ霊」の軍団もある。そういう場合は、不動明王《ふどうみょうおう》にご登場願うのがよい。

驚異のパワーコールの二番バッターは不動明王様を呼ぶ、ＳＯＳ信号だ。

**「ノーマクサーマンダ　バーザラダンセンダ　マカロシャーダ　ソワタヤ　ウンタラタカンマン」**

！？！？　長ーいパワーコール。全部暗記するのにこしたことはないが、短く言う方法もある。

**「ノーマクサマンダ　バザラダンカン」**

これなら覚えやすい。ところで、不動明王様というものを正しく知っている人は少ないと思うので説明しておこう。簡単にいうと、仏教の中に出てくる「守護神」の一人。大日如来《だいにちにょらい》の化身といわれているが、本当は地球の祖神・国常立之尊《くにとこたちのみこと》の化身なのである。不動というのは「悪を許さぬ不動の信念」をあらわし、悪霊などを押さえつける強い力を持っている。右手には意志の力を示す剣（悪魔を払う降魔《ごうま》の剣ともいわれる）を、左手には法力を示す縄（自由自在をあらわすともいわれる）を持ち、火炎を背にして、恐ろしい形相をしている。「悪いやつがいたら、ワシが退治してやる！」と、実に頼もしいことを言っている守護神様なのだ。顔はコワイが、心は優しいので全幅の信頼を置いてよい。不動明王様が現れると、守護霊合体パワーは三倍強化される。

この不動明王パワーをより確実なものにするためには、イメージイラストを描き、これを見ながらパワーコールするとよい。中央に不動の信念をあらわす不動明王様。それを囲むようにして守護霊軍団の顔を描く（全体が顔の形になるように）。ポイントは、守護霊の顔を、自分の両親、祖父母に似せて描く。そうすると、本物の守護霊の顔に近くなる。

この場合も重要なのは、強く確信することだ。なにしろ、強い信念を持たれる不動明王様だから、そのパワーを十分受けるには、「効果があるかもしれないな」などとあやふやな確信でパワーコールを唱えてはいけない。「絶対、大丈夫！」と自分に言い聞かせながら、超弩級の不動明王パワーコールを自分のものとしよう。

以上のいろいろ説明してきた方法で「イジメ霊」軍団を撃退できる。いじめられるほうも、いじめるほうも、悪霊どもに負けないように、守護霊軍団の存在を確信して、勇気を持って強く生きよう。また、しごかれサラリーマンや霊に敏感な人々も活用されるとよいだろう。

# 幸運を呼ぶ星に祈るパワーコール

## 北極星に祈る効果

パワーコールの三番バッターを紹介しよう。

**「ウンテン　トーボー　エータート」**

これは、直接北極星の神様まで届くパワーコールで、返事もダイレクトに唱えた人のところへ来る。「災い転じて福となす」というのが、このパワーコールのうたい文句だ。落ち込んだときに唱えると効果があるが、そればかりではない。身にふりかかる災いを取り除いてくださるのだ。また、夢見が悪かったときや、ホロスコープ、気学、バイオリズムの悪い日、嫌な予感がするときなどに最適である。北極星にはタイロス（太乙《たいおつ》老人）という神様がおられ、全宇宙の叡知が、この神様の頭の中につまっている。それと同時に、先天の命運もすべて司っている。だから、交通安全祈願はもとより、学業向上、事業拡張まですべてＯＫなのだ。

「星はなんでも知っている」という言葉があるが、文字どおりタイロス神はすべてご存じである。過去も未来も、そしてわれわれ人間の心までも。だから、真剣に祈れば、必ず真心は通じ、願いは聞き届けられるだろう。

北極星のタイロス神は、顕現化神霊界の最高責任者で、守護霊はもとより、他の星々の神々を掌握する立場にある。したがって、タイロス神に「不可能」なことはなにもない。まさに、スーパー・ゴッドの名にふさわしい。この方こそ、中国で昔から崇拝されてきた「天帝」様なのである。

昔から北極星は、天空の一点にとどまり輝いていた。だから、人々はこの星の位置をすべての基準にしてきたわけだ。旅人は、北極星がどの方向に輝いているかを絶えず確認しながら旅を続けたし、古代の巨大な建造物も、やはり北極星の位置が基準となって建てられた。四季折々に見られる星座も、北極星を中心に回転する。まるで、私たち人間を見守り続ける永遠の星のようでもある。実際、昼間は太陽の光が強すぎて見えないが、真北には必ずこの北極星があるのだ。余談だが、八神純子の「ポーラースター」という歌は、この神様の性質を実にうまくとらえていた。

夜空に輝く星たち。その中から北極星を見つけるのは簡単だ。キラキラと真北を示している北極星を見つけたら、そこに住んでおられるタイロス神に「ウンテン　トーボーエータート」とパワーコールを送ろう。具体的な願いごとがなかったら、感謝の思いを込めればいい。どんなおまじないよりも、「無病息災、家内安全」の効き目があるだろう。

## サンタクロースは〝北極神〟のこと

クリスマスの夜にやってくるサンタクロース。あれは北極星のタイロス神をモチーフに考え出されたものだ。

疑問に思われる読者も多いことだろうが、霊眼が発達してくると、本当にサンタクロースそっくりのタイロス神が北極星からやってくるのが見える。もちろん、タイロス神といっても〝分霊〟がやってくるのであって、本霊は五〇年に一度しか来られない。

そもそも、サンタクロースの一般的な解釈は、昔、キリスト教の聖者が、貧しい子どもたちにプレゼントをしたのが始まりとされている。それが、いつの間にか、赤い帽子に赤い服を身にまとい、空とぶトナカイのそりでやってくる白ヒゲ老人伝説になってし

まったというわけだ。

いかにも子どもたちが喜びそうなお話だが、実際に空を飛ぶトナカイに乗った、白いヒゲのタイロス神が地球にやってくるのだ。神話やおとぎ話は、まったくの作り話と考えている人がいるかもしれないが、とんでもない。たいていは、霊感の鋭い人が、そういう様子を実際に見ていて、それを人に伝えたり書きとめたり、または無意識のうちに創作したりしているのだ。

この世は、俗に「現《うつ》し世」ともいわれるが、神霊世界のさまざまな出来事が、地上でそのとおりに展開されるので、そう呼ばれているにすぎない。その意味で、サンタクロース伝説は、タイロス神をそのまま地上に映し出したもの、といえるだろう。

空飛ぶトナカイのそりに乗り、背中の袋には、子どもたちあてのプレゼントがいっぱい入っている。白いヒゲに、白い髪……いや違う。髪が違う。赤い帽子をかぶっているのでごまかされているが、ホントは、ハゲているのだ。そう、サンタクロース＝タイロス神は頭に毛がないおじいちゃんなのだ。夢でサンタクロースが現れたら、一度尋ねてみるといい。「帽子を取ってみてください」と。おそらく、恥ずかしそうな表情をしながら、ピカピカ光る頭を見せてくれるだろう。すごく親切な神様だから、「コイツめ」などと怒ったりはしない。安心して質問するがいい。

サンタクロースは、靴下にプレゼントを詰めてくれる。タイロス神もちゃーんと、プレゼントを入れてくれる。ただし、残念ながら、それはオモチャや甘いお菓子ではない。「人生の方向性と足もとをしっかり固めて、自信を持って歩きなさい」

というタイロス神の〝願い〟が、プレゼントとして入っている。「なんだ、ものじゃないのか」と嘆くなかれ。相手が自分になにを願っているか、ということを知るのはとても大切なのだ。というのは、こちらから一方的に、「ウンテン　トーボー　エータート」とパワーコールするばかりでは、神霊界もウンザリしてしまうに違いないからだ。

「神霊界が自分に願っていることがよくわかりました。願いをかなえられるような人間になりますから、力を与えてください。ウンテン　トーボー　エータート！」

こう唱えれば、タイロス神は大喜びするだろう。

「そうか。じゃあ、前世の悪因縁を最小限にして、運勢を一〇〇倍パワーアップしてやろう」

ということになる。神霊界と交流を深めるコツも、実はここにある。ギブ・アンド・テイクではないが、お互いの願いを知り、共に幸せを目指して頑張ることが重要なのだ。

ここまで書き進めてきたら、タイロス神から、「ついでだから、もうひとつ、みんなにプレゼントしたい」と交信があった。はいはい、わかりました。

「よく勉強し、社会と人々のために役立つ、立派な人間になるように」

これが、スペシャルプレゼント。神霊界すべての願いが、これだという。

なお、北極星に向けて祈るのは、毎月一五日ごろ（正式には旧暦の月初め）がいい。この日に祈れば、より一層願いが届く。

## パワーコールで神霊界と仲よくなろう

高次元神霊界が存在する外宇宙は、気が遠くなるほどの距離にある。何千光年、何万光年というのもザラ、島宇宙の外にある銀河、アンドロメダ星雲などはなんと数百万光年以上のかなたに存在している。三次元的な発想では、距離はそのまま時間の長さになるので、肉体を持ったまま人間が旅することは不可能に近い広さになる。ところが、四次元、五次元、さらに進んで六、七次元になると時空の大きさには関係なく、好きなとき、好きな場所へ行くことができる。

タイロス神や他の神々は高次元で生活しているので、住所が北極星であろうが、アンドロメダ星雲であろうが、地球へ来たいときにはいつでも来られるようになっている。しかし、用もないのに夢遊病者のようにフラフラ来ることはない。なにか、しっかりとした目的があれば、すぐに来てくれる。

ということは、こちらでなんかの用事を作ってしまえば、必然的に用事のある場所へ現れることになる。パワーコールで「来てください」と、唱えるのも方法だが、これはあくまでも「お願いします」とこちらが頭を下げる立場でしかない。

「彼のところへ行ってみたいな。なにやってるんだろう」と神霊に思い込ませるには、先ほども言ったように、神霊界の願いを先取りして、それを実践することなのだ。これが一番効果がある。

とにかく、自分の生きる姿勢、目標をピシッと立て、神霊が思わず身を乗り出してしまうような生き方をすることだ。

そして世のため人のために尽くそうと志を持てば、神霊界、霊界がこぞって、その人間を応援するようになる。これが神霊世界の法則なのだ。

少々、堅苦しい話になったが、神霊界がどのように動くのか、そのプロセス、法則を知るとパワーコールも一層確信できるようになるものだ。

本当はタイロス神をはじめ、神々たちは地球の人たちと仲よくしたいと思っているのだが、地球人が私利私欲に走り、心を閉ざしているので、神々の声が聞こえなくなってしまっている。

要は、心の持ち方次第で、神々と友だちになれるのだ。そうすれば、運勢は大向上する。

## 金しばりにも効く北極星パワー

北極星から来た、もうひとつのパワーコールを紹介しよう。

パワーコール、四番手は、金しばりに絶大な効果を示す。

**「ホンボラ　ソモビル　フルフルフル」**

これは覚えやすい。しかも、誰もが一度や二度は経験した、あの金しばりに効果がある。今夜からでもさっそく、パワーコールして、金しばり霊を追い出してしまおう。

やり方はすごく簡単。「ホンボラ　ソモビル　フルフルフル」を連続して唱える。三六回ほど唱えればいいのだが、あまり数にこだわる必要はない。天空にキラキラと輝く北極星とタイロス神をイメージして、パワーコールすればよい。

神霊的にこの様子を眺めると、口から出た言葉（言霊《ことだま》という）が、悪霊を祓う神秘なウズとなって広がり、守護霊が合体して、体にまとわりついている小悪魔どもを蹴散らしているのがわかる。

「オイ！　そこの小悪魔。こんなところでウロウロするんじゃない。安眠妨害をすると承知しないぞ」と守護霊軍団。

「ヒェーッ。すみません。今回はどうぞご勘弁を」と小悪魔たち。

そうして金しばりで人を苦しめていた小悪魔軍団は、恐れをなして逃げていく。パワーコールして、早い人だとものの数秒で、金しばりがはずれる。ただし、このパワーコールも他と同様、確信して唱えないと効果がない。

小悪魔たちはこう言うだろう。

「守護霊さんたちよ、そんなこと言ったって、本人が〝本当に効くのかなあ〟とあんたたちのことを疑っていますよ。金しばりで具体的に体を動けなくさせている俺たちのほうを、この人間はどうも信じているみたいだ。守護霊さんの気持ちもわかるが、軍配はどうやら俺たちに上がってるようだ。悪いが、この人間、俺たちに預からせてもらうぜ」

本人はその間中、「ウーン、ウーン」と冷や汗をたらしながら、苦しむことになる。

したがって、この「ホンボラ　ソモビル　フルフルフル」のパワーコールを唱える場合は、念力を強くして「必ず悪霊たちは出ていく」と自分自身の心に言い聞かせる必要がある。中途半端な気持ちでやると、ひどい目に遭う危険が生じるからだ。

## 『北斗の拳』のケンシロウは北極星パワー

悪をくじき、愛と正義に生きるマンガ『北斗の拳』の主人公・ケンシロウ。肉体的パワーもすごいが、それより精神的な力も絶大、悪漢どもを次々と倒していく。マンガの原作者も、そのマンガを見る人も気がついてはいないだろうが、ケンシロウのパワーは、北極星パワーを象徴したものなのだ。

人間が無惨に殺されていくのは、さすがにマンガの世界ならではだが、強い信念が恐るべきパワーを発揮する様《さま》は、まさに北極星パワーそのものだ。おもしろいのは、悪いほうの親玉も、非常に強い信念を持っていて、結局最後には肉体的強さよりも精神的な力、念力の差によって勝負がついてしまう点だろう。勝負の運も、危機を脱する天祐も、実は北極星が司っているのである。

両者とも「俺が最も強い」と強く確信しているが、ケンシロウは愛と正義のために、その強さを利用しようとするのに対して、悪玉は私利私欲のために力を使おうとしている。確信する力と肉体的力が同じでも、勝利はケンシロウのものとなる。その理由は、北極星パワーが、ケンシロウに味方するからだ。

「ホンボラ　ソモビル　フルフルフル」と心の中で（もちろん口に出すのがベスト）パワーコールし、「必ず勝つんだ。悪魔の誘惑になんか負けないゾ！」と確信して、自分でも闘う心構えを持てば、本当にケンシロウのようになれるのだ。

## 『スター・ウォーズ』も北極星パワーを暗示

大ヒットした映画『スター・ウォーズ』シリーズでも、北極星パワーは大活躍した。主人公のルークが悪の化身・ダースベーダーと闘うために身につけた「フォース」は、なんと念力だった。「確信すること」が、念力を磨く方法とされ、ダースベーダーも、強力なフォースを保有する元宇宙戦士の一人、というのが映画のストーリーだ。

最後はフォースとフォース、つまり念力同士の闘いが展開された。このあたりは、映画に詳しい読者のほうが、よくご存じだろう。

不思議に思うのは、超近代兵器が山ほどあり、惑星もこっぱみじんに吹き飛ばしてしまうパワー製造の技術がありながら、最後の闘いは、念力で行われるという点だ。

「ルークよ、フォースを確信せよ」

と主人公に闘う術を伝授したケノービ老人は言うが、近代兵器に慣れているルークは、それがなかなか信じられない。「まさか、そんなこと」というわけである。

このルークは、ちょうど今の時代に生きる私たちと同じような立場だ。

「まさか、神霊界からパワーが来るなんて」

人間がロケットで月に行き、飛行機に乗れば二四時間以内で、地球上どこへでも行ける。そういう科学の時代に、念力や神霊パワーなんてナンセンス、というわけだ。

確かにそういわれてみれば、そんな面もある。しかし、人間にはまだまだ開発されていない能力がたくさん秘められている。その可能性を信じればこそ、人間の能力は向上するのだ。

昔から、この世は神霊世界の「現《うつ》し世」だといわれているが、『北斗の拳』や『スター・ウォーズ』は、実にうまく北極星神界のパワーを表現している。ほとほと感心するばかりだ。

北極星のタイロス神も、地球のみんなに向かってスター・ウォーズのケノービ老人のように叫んでいる。「北極星パワーを確信せよ。神界と霊界のパワーを信ぜよ」と。

パワーコールを唱え、確信して、念力を強くする。そして、精一杯努力しながら毎日を生活すれば、ケンシロウやルークになれる。それと同時に、運勢も爆発的に向上するだろう。

「センテン　ナム　フルホビル」は、北極星のタイロス神の使者を呼ぶパワーコール。「ウンテン　トーボー　エータート」は、北極星神界の除災招福パワーを呼び込むパワーコール。「ホンボラ　ソモビル　フルフルフル」は、ケンシロウのように魔を祓う大パワー。この三つでしっかり幸運を呼び込もう。

# 能力を全開するテクニック

## 体操の具志堅選手（ロス五輪ゴールドメダリスト）を支えたこのパワーコール

パワーコールの第五弾は、自分自身の霊をふるいたたせるこれだ！

**「ハルチ　ウムチ　ツヅチ」**

ン？　どっかで聞いたことのあるようなパワーコールだな、と思っておられる読者も多いことだろう。

実は、一九八四年のロサンゼルス・オリンピックの体操で金メダルを取った、あの具志堅選手が試合前に唱えていたパワーコールなのだ。

具志堅選手はテレビのインタビューに、確かこんなようなことを答えておられた。

「ハルチ、ウムチ、ツヅチ。これを唱えて、自分は絶対できるんだ、練習してきたすべてのことを、完璧にやれるんだ、と信じるようにしたのです。実際、自分が信じたとおり、演技することができました」

具志堅選手は、このパワーコールを恩師から教えられたそうだ。すると、恩師はどこでこれを知ったのだろうか？　という疑問が湧くかもしれないが、「ハルチ　ウムチ　ツヅチ」を記した文献が実はある。ほかでもない、あの『古事記』に明記されているのだ。『古事記』というのは、日本で最も古い歴史書。神話や伝説などが漢文で三巻にわたって記されており、今からおよそ一四〇〇年ほど前の文献とされている。つまり、昔の人は、実際にこれをパワーコールしていたのだ。

## パワーコール・ハルチの「チ」は血

日本には昔から「言霊学《ことだま》」といわれるものがある。平たくいえば、言葉ひとつひとつに神様が宿り、それぞれに深い意味が込められているとされるもので、もちろん、このパワーコールの言葉にも神の意志があり、だからこそ言葉に出して唱えると効果があらわれるのだ。

では、「ハルチ　ウムチ　ツヅチ」に秘められた神様の意志とはなにか。それを言霊学の立場から探ってみることにしよう。

神霊世界から見ると、人間の体の中に流れる血液は、霊が物質化したものである。したがって、その人の霊的な性質はすべて、血液に凝縮されて存在していると考えてもいい。血液が汚れてくると病気になるが、これは本人の霊的パワーが劣化してしまい、霊にとりつかれてしまったから、とみることができる。また、その逆も言える。輸血をたくさんすると、性格がガラリと変わってしまうことがあるが、これなどは他人の霊が血液と一緒にその人の体の中に入り込んだ例だろう。

血液は「血」、つまり「チ」である。「ハルチ　ウムチ　ツヅチ」のチは、この血を示している。血は説明したように、本人の霊を指す。

さあ、ここまで説明してくると、このパワーコールは、血に関係したなにかの力を持ったもの、と推察できるだろう。実はそのとおりなのだ。

## 自信を持って臨めば潜在能力は必ず引き出せる

もう少し詳しく、パワーコールの中身を調べてみよう。

まず「ハルチ」についてだが、これは血液がハルということだ。ハルとは、つまり「発展する」「力が張る」「胸を張る」「春のようになる」→要するに、パワーが外側へどんどん膨らんでいくことを示している。

次に「ウムチ」だが、これは血液がウムということ、たとえば「子どもを産む」「果実が熟《う》む」「物を産む」→つまりパワーを産み出すということを意味している。

そして、「ツヅチ」は、血液がツヅムというわけだが、「通ずる」「詰まる」「包む」「約《つづ》む」(ちぢめる)、「津」(水がたまる)→つまり、凝縮したあと吹き出すことを示している。

以上の三つを、連続して見るとどうなるか。発展して、生まれ、凝縮したあと発散される——つまり、体の中で血になっている霊や潜在能力が、「発展」「誕生」「凝縮」「発散」されることを意味している。

少々難しい説明になってしまったが、要するに「ハルチ　ウムチ　ツヅチ」とパワーコールを唱えると、自分の霊が持っているすべてのパワーが、一挙に爆発するのだ。生理学的に考えても、血液の循環がよくなると、元気が湧いてくるし、頭も冴えてくるし、なんでも積極的にやろうという気になる。それが、肉体と霊で同時に起きるのだ。

1
ハルチ　ウムチ　ツヅチ

試合前の具志堅選手の体も、このようにパワー全開の状態にあったと思われる。そして、

「必ず成功する。信じたとおりの演技ができる」

確信を深め、〝すでに成功したんだ〟と自分に言い聞かせたのだ。

金メダルが取れたのは、もちろん具志堅選手が人の倍以上も練習し、またそれだけの素質もあったのだろうが、試合直前のパワーコールも、大きな力になったことは間違いない。

体操のことは詳しく知らないが、世界のトップクラスともなれば、実力はほぼ互角だろう。問題は、試合当日のコンディションと、潜在能力を含めた実力を一〇〇パーセント、完璧に発揮できるかどうかの差だ。

具志堅選手も、おそらくそのへんのところは心得ていたのだろう。だからこそ、ドタン場のその一瞬に、強力な念力でパワーコールしたのだと思われる。

ところで、このパワーコールは単に体操選手だけのものではない。芸能人はオーディションのときに活用できる。また、このパワーコールは月の神霊界から授かったもので、相手に「ツキがあるかないか」をふるい分けできる妙力もある。

たとえば、「ハルチ　ウムチ　ツヅチ」をつぶやきながら、お見合いしたとする。相手に運勢があって、本当にいいご縁ならトントン拍子に話が進み、悪い縁ならいろいろな障害が起きてダメになるのである。これがパワーコールによる〝ツキのふるい分け秘法〟ともいうべきものだ。

サラリーマンの場合、新規に取り引きする相手との商談の場で、やはりパワーコールしてみるといいだろう。後々よい取り引き相手ならトントン拍子、そうでないなら難問が噴出してお流れになる。実に便利なものである。

しかし、注意しなければならないことがある。それは、本人の真剣さと謙虚さがないとダメだということ、そしてあくまで常識判断でベストを尽くさなければならない点だ。すべてをパワーコール頼み、というのは絶対に避けたい。

## 海外のスポーツ界では常識の念力集中訓練

ところで具志堅選手のことを調べていたら、おもしろいことがわかった。なんと、外国のスポーツ選手は、形こそ違っても、たいてい念力秘法といわれるものをやっていたのだ。

方法はすごく簡単、しかも即効性があるので、広く応用できそうだ。方法というのはこうだ。

まず、自分の目標を具体的に紙に書く。たとえば、一〇〇メートル走なら「タイム九・九秒を出す」といった具合。これはせいぜい試合当日の二〜三カ月前まで。次は「タイム九・九秒が出た」と書いて、目につくところに貼る。

意識の中で「俺は九・九秒を出したんだ」と固く信じるわけだ。もちろん、その間十分に練習を積むことはいうまでもない。

そして、いよいよ試合が数日前に近づいたら、今度は頭の中で実際に九・九秒を出して走る様子をイマジネーションで描く。

「スタートしたら二〇メートルまでは三位につける。カール・ルイスは俺の後ろを走っている。やつは七五メートル付近で勝負をかけてくるから、俺もまだスパートしない。さあ、いよいよ七五メートルラインが近づいた。やつはトップスピードだが俺もトップスピード。だが俺のほうが速い！　グングンスピードを増してゴールのテープは目前。だが、やつは俺の後ろ一メートルの位置につけている。ゴール！　やった。タイムは予定通り九・九秒……」

これを何度もくり返し、イマジネーションを固めていく。「もしかしたら負けるかもしれない。スタートに失敗するかもしれない」といったマイナスイメージは絶対に抱かない。すべて「できる」「やれる」とプラス側に考える。

さて、いよいよ試合当日。すでに何度も頭の中で予行演習しているので、スタート位置についても、「俺は九・九秒で走る」と確信しきっている。緊張もさほどないし、あとはイメージ通り走るだけ、というわけだ。スタート直前に、具志堅選手のようにパワーコールすれば、完璧なものになるが、まさか、外国選手が「ハルチ　ウムチ　ツヅチ」を知っているとは思えない。たいていは、胸で十字を切るぐらいで、あとは運を天にまかせるのが相場だろう。

しかし、「やれる。もうすでにできた」と確信するのは、いうなれば念力を自分に込めることになるので、大きな効果が得られることは間違いない。

外国選手の多くが、すでにこの「念力秘法」で好成績を出しているというが、これは当然のことだろう。日本でも遅まきながら、「念力秘法」を取り入れるという話だから、オリンピックでの日本選手の活躍が楽しみだ。

# 私はコレで幸運をつかんだ

## 交通事故を未然に防げた

いつ巻き込まれるかもしれない災難。遭ってからではもう遅い。神霊界の法則を知っている人は、「転ばぬ先の杖」ならぬ「災難に遭わない先のパワーコール」を是非実行してもらいたい。

先にあげた五つのパワーコールの中から、最も効果のありそうなものを臨機応変に選んで、あとはそれを確信すればいいわけだ。たとえば、災難の中でもとくに、そこらじゅうに危険がひそんでいる交通事故を防ぐには、〝災い転じて福となる〟「ウンテン　トーボー　エータートート」がいい（また、同時に第五章の災いを防ぐ神界ロゴを併用すると、さらに強力になるだろう）。

交通事故といってもピンからキリまである。軽い接触事故から、葬儀社を呼ばなければならないようなものまで、さまざま。しかも事故には加害者と被害者の二つの立場が生じてしまう。できれば、どちらの側にも立ちたくない。

「ウンテン　トーボー　エータート」は、うれしいことに、そのどちら側でも効果がある。大きな事故になる予定だったものがパワーコールのために小事故になったり、小事故なら「無罪放免カスリ傷ひとつなし」ということになる。「ウンテン」は「運転」。つまり車の運転と発音が同じで安全運転に通じるからだ。

だから、クルマを運転するときは、ハンドルを握る前に、心の運転「ウンテン　トーボー　エータート」を唱えることにしよう。

その他、効果のありそうなパワーコールは、守護霊合体のパワー「センテン　ナムフルホビル」だろう。なにしろ、守護霊を中心に善霊たちが直接ガードしてくれる。ときどき、「ワッ！　あぶない」という目に遭いながら、間一髪助かった、という話を聞くが、これなども神霊界から見ると、たいていは守護霊が守ってくれたおかげだ。

しかし、問題は助かったあとである。

「ああ、よかった。さあメシでも食うか」では、せっかく助けてあげた守護霊がかわいそう。ヘソを曲げて「もう助けない」などと言うかもしれない。

「あぶないところを、守護霊さんありがとう。これから気をつけますから、今後ともよろしくお願いします」
せめてこれぐらいは、心に手を合わせて感謝すべきであろう。それが守護霊や神々への礼儀というものだ。そうすれば「今度も守ってやるか」と守護霊も、その気になってくれる。最近の守護霊のウワサによれば、礼儀をわきまえない人間が多くなったと嘆かれる守護霊や神々が多いらしい。

## 墜ちる飛行機に乗らずに済む

墜ちたら九九パーセントは絶望といわれる飛行機。乗ってしまって事故に遭遇、あわてふためくよりも、肝心なのは、「墜ちる、事故でハラハラする、ハイジャックされる」要因のある、運の悪い飛行機のキップを買わないことだ。そのためにはどうするか。「ハルチ　ウムチ　ツヅチ」と唱えながら予約することである。そうすれば、災いは未然に防ぐことができる。

では、パワーコールを忘れたため、飛行機がダッチロールを始めてしまったら、どうすべきだろうか。

「自分だけ、自分だけなんとか助けて！　他の人は死んでも構いませんから！」

これは失格。自分だけよければいいとは、なんたる心掛け。神霊もソッポを向いてしまい、その人だけが棚から落ちた荷物に頭をぶつけて死亡、なんてことにもなりかねない。

「ウンテン　トーボー　エータート。全員を救ってください。助かる最善の方法を教えてください。最後までベストを尽くせるよう導いてください」

これなら、マルだろう。「なんとしても生きるんだ」という意志と「全員助けてください」という愛。神霊界も感動して飛行機が墜ちないように支えてくれるだろう。

非常事態の飛行機の中では、「ウンテン　トーボー　エータート」と「ハルチ　ウムチ　ツヅチ」の併用がよい。その理由はふたつある。

ひとつは、最後まで自分の持っているパワーを全開させる必要があると同時に、「ダメかもしれない」と弱気にならないためだ。「大丈夫、必ず助かる」と念を込め続ければ、その一瞬だけでも、そういう「助かる運勢」が呼び込まれるものだ。

もうひとつは、「ハルチ　ウムチ　ツヅチ」のパワーコールが、「運、ツキ」を司る月世界から来たものだからだ。助かる助からないは、まさに紙一重。それこそ、運、ツキの問題になってくる。ツキがよくて、自分だけ助かればいい、というわけではなく、飛行機そのもののツキを強くするのだ。

たとえば、ガケに衝突するはずのものが、山の斜面に木をクッション代わりにして墜ちるとか、海に軟着水するとかである。あるいは、墜ちたら大惨事になる大都市を避けて、人家のない山に飛行機が向かうなど、飛行機そのものにツキがある。それをよくしようというわけである。

以上、ふたつの理由から、飛行機がダッチロールを始めたら、「ウンテン　トーボーエータート」と「ハルチ　ウムチ　ツヅチ」を併用してパワーコールしたい。

本来なら一〇〇人全員が死亡するはずの事故が、乗客の中の一人がパワーコールをしたため、五人が助かった！　ということにもなる。もちろん、助かった人の運勢が強かったこともあるだろうが、一人のパワーコールが五人を救ったともいえる。大惨事の多い昨今、飛行機を利用することの多いビジネスマン諸氏は、言葉のお守りとして、これらふたつのパワーコールを暗記することをお勧めする。

ハルチ
ウムチ
ツヅチ
ウンテン
トーボー
エータート

## 受験突破も強い信念で

身近で、しかも重要な悩みが試験。入学試験に卒業試験、就職試験、中間テストに期末後期テスト。朝のドリルテストに授業の終わりのテスト……。ウーン、考えただけで頭が痛くなりそうだ。

とくに、入学、就職試験は人生を左右しかねないほど、重大な意味がある。それだけに万全を尽くして臨みたい。何カ月、あるいは何年も勉強してきた。その成果を数時間のうちに大爆発させ、持てる力のすべてを示さなくてはいけない。なによりも大切なのは、その日のコンディションだ。

体調良好、頭脳明晰、勉強してきたことが、キッチリと頭に整理され、どんどん必要な解答を引き出すことができる。こうなれば、もうバッチリだ。そのためには、「念力秘法」と同時に「ハルチ　ウムチ　ツヅチ」のパワーコールを合体させることだ。「念力秘法」についてはすでに説明したが、自分の取りたい点数を机の前に貼り出し、「すでに合格点は取れている」と強烈に念じる。

「大丈夫かなあ」という不安は厳禁。邪心が入り込む。

「取れる、取れる、取れる。合格できる、合格できる、合格できる……」と念じながら、頭の中で、スラスラと問題を解いている自分の姿を思い浮かべる。できれば問題の内容まではっきり見える状態にまで想念の世界を高めておこう。

たとえ周りの友人知人に、「お前が合格するはずはないよ」とひやかされても、「ナニクソ！」と、一層強い念力を集中させる。友人といえども、試験ではライバル。そのライバルに「俺、念力秘法やってるんだゾ」とか「絶対に合格するパワーコール知ってるんだゾ」などと、口が裂けても言ってはいけない。言うと、バカにされて自信を失ったり、タタリ霊や相手の嫉妬の念が邪気霊として邪魔に入り、せっかくの合格秘法が台なしになってしまうからだ。

秘法は合格してから、ごくごく親しい友人にだけ、そっと打ち明けよう。

勉強していても、どうも意識が集中できないときがある。テレビが見たい、マンガを読みたい、お菓子を食べたい、友だちと遊びたい……。これは悪霊たちが誘惑に来ている証拠。こういう場合には、「センテン　ナム　フルホビル」の守護霊合体パワーで身を守る。前にも説明した一三七頁の「守護霊軍団の図」を見ながら念を集中させれば、なお一層効果的だ。

## 好きな人と仲よくなる

「あのコが好きなんだけど、恥ずかしくて話もできない」という純情な人は、守護霊にお願いしよう。必ず、好きなコと話ができるチャンスを与えられる。

たとえば、急に時間を聞かれたり、人生の相談を受けたりする。あるいは、「食事を一緒にどう?」とか、帰宅の時間がバッチリ一緒になったりする。

こういううれしいチャンスを得るには、守護霊と密接なコンタクトを持つためのパワーコール「センテン　ナム　フルホビル」が必要となろう。これを唱えたあと、自分の気持ちを「守護霊軍団の図」に向かって、ありったけ告白するようにするとよい。本人の前では言えないが、自分の守護霊軍団にならなんでも言えるはずである。

「自分は○○さんが好きです。ところが、○○さんは自分のことが好きなのかどうかわかりません。もし嫌でないのなら、仲よくなれるように導いてください。きっと○○さんのためにも、それはプラスになるよう努力しますから。よろしくお願いします。できれば、今週中にチャンスを与えてください」

なるべく期限をきちんと区切るのがいいだろう。たいてい期限内にはチャンスが与え

センテン
ナム
フルホビル

られるが、それを逃した場合は、再び期限つきでお願いする。結果があらわれるまで頑張ることが重要だ。

パワーコールは合計三六回唱える。「センテン　ナム　フルホビル」を三六回だ。そして○○さんのニコニコしている顔を思い浮かべ、「○○さんの守護霊さん守護神さんもよろしくお願いします」と一〇回唱える。このパワーコールは守護霊を合体させる働きがあるので、相手の守護霊にも影響を与えることができるわけだ。

ただし、くれぐれも注意してもらいたいのは、ヨコシマな考えでパワーコールをしないこと。具体的には「○○さんを自分のものにしてしまおう」とか「○○さんと街を歩けば、目立つ」といった自分中心の考えを指す。エゴイズムのパワーコールは神霊界が一番嫌うものだから、願いがかなうどころか、天罰が下ることとさえある。

正しいパワーコールならば、チャンスが生まれる確率は九〇パーセント以上。もし、相手が好きでもない、嫌いでもないのなら、一〇〇パーセントの確率で守護霊がチャンスを与えてくれる。しかし、そのあとは本人の努力にまかされる。

トントン拍子で話が進むか、はたまたシドロモドロになってしまうかは、本人のパワーにかかっている。緊張のあまりあがってしまい、顔は真っ赤、口もまわらない状態に陥らないためには、潜在能力大爆発の「ハルチ　ウムチ　ツヅチ」をパワーコールしてもいいし、「念力秘法」で、あらかじめ希望のストーリーを演習しておくのもいいだろう。

ともかく、問題は自分の気持ちを正しく、正直に伝えられるかどうかにかかっているわけだから、その場であわてふためかないよう、伝えたい事柄をメモして、いつでも言えるようにしておこう。

なお、この方法を応用すると、異性関係はもちろんのこと、同性の友だちとも仲よくなれる。友だちが少ない人は、今日からでもパワーコールして、友だちの輪を広げよう。

## 振られた傷心を癒す

不幸にして、相手に振られたらどうするか。

「クヤシーイ。のろってやる〜。守護霊さんに頼んで、病気にしてやる〜」

これはペケ。そう言いたい気持ちはわからないでもないが、人をのろったりすると、その念が「生霊《いきりょう》」となって相手に災いをもたらすか、自分も不幸になる。

生霊というのは、生きた人間が出す霊で、非常に強い霊力を持ち、実際に人を殺してしまうこともある。わたしの大学時代の友人は、婚約した女性を捨てたためにうらまれ、女性の生霊にとりつかれて、若い命を落としてしまった。それほど怖い存在だ。

生霊を出したほうも、自分の霊の一部分が欠けた状態になり、ひどい場合はやはり死ぬ。だから、生霊を出してもいけないし、受けてもいけない。ただし、例外はある。よい思いの念が生霊になる場合だ。恋の執着心からではなく、純粋に「あの人を幸せにしてほしい。守ってあげたい」という思いは生霊となって、本当に相手を守り幸せにする。

さて、振られた場合の最善の方法だが、はっきりいって、あきらめるしかない。しかし、タダであきらめてはなんにもならないので、こういう方法をとる。

①お互いの性格が合わなかった。このまま交際を続けていたら、二人とも不幸になっていただろう、と考える。未練がましく、相手からのラブレターなんか読まない。

②ちゃんと誠意は尽くした。守護霊もそれを知っている。誠意は善徳として天に預金した、と考える。そして相手の幸せを祈願する（すると、もっといい人を見つけようという気に守護霊がなってくれる）。

③青春の日のよき思い出として、心のアルバムに貼る。そして、すでに過去の出来事

と考え、明日からの新しい人生に思いをめぐらす。

以上、三つの方法で失恋の心の痛手を癒す。

とまあ、言ったり書いたりするのは簡単だが、本人はさぞつらいことだろう。「そんな気持ちになれない」と思ったら、しかたがない、大声で泣こう。二時間くらい必死で泣けば、涙も出なくなり、意外とスッキリするものだ。ウソだと思ったら、失恋のとき実際にやってみるとよい。ポイントは、大声でワンワン泣くこと。シクシクではいけない。

また、月の神霊界の主宰神「ツキテルヒコノオオカミ」に向かって泣いてもよい。心が安らかになるからだ。

## 失恋をバネにして運をつかむ

好きな人に夢中になっているときは、よほど運勢の悪い相手でないかぎり、気持ちが積極的になり運勢もある程度向上する。恋愛に限らずなにかに熱中すれば、幸福は向こうからやってくるものなのだ。

だが、問題は挫折したとき。幸運の女神にソッポを向かれると誰でも落ち込むものなのだが、そこをどうクリアーするかによって、その後の運勢は大きく影響される。

失恋の場合は、先ほど説明した三つの方法で心の痛手を癒せばよい。相手をうらまず、運命に失望しなければ、守護霊は別の幸福を用意してくれる。

具体的には、テストの点数があがったり、もっとすばらしい相手とめぐり会ったりする。あるいは別の人が「あなたのこと、好き！」などと告白してくれたりする。傷つき落ち込んだ心も、一瞬のうちに癒されるだろう。そして、前にも増して元気が湧いてくる。これが守護霊の「失恋痛手一〇倍回復法」なのだ。

これは、すべてのことについていえる。

試験に失敗したり、友だちとケンカした場合など、クヨクヨせずに前向きでいると、守護霊が幸運の女神を連れて来てくれるのだ。

だから、失恋したときこそが、本当の意味で運命の分かれ道。「前向き」のベクトルのほうへ行けば女神様が、ごちそうを用意して待っていてくれるが、「後悔、うらみ」のベクトルへ向かうと運勢を食べてしまう悪霊たちが待っている。守護霊も悪霊も「こっちへおいで」と旅館の客引きのように、人間の袖を引っぱり合いしているが、どちらの道を行くかは本人しか決められない。

## 人をうらむと運が遠のく

先ほど生霊の話をしたが、生霊を生み出すと、どうして運勢が下がってしまうのかを説明しよう。つまり、運命の分かれ道で「後悔、うらみ」へ向かった場合である。

人をうらむと、自分自身の霊波動が乱れ、荒れすさぶため怒りっぽくなる。するとイライラが昂じていちじるしく集中力が欠如する。情緒不安定な状態で、急に不安になったり、陽気になったりする。

その理由は、うらみの想念が悪霊を呼んでしまうからだ。また、自分の霊の一部も悪霊化してしまうことさえある。

これはちょうど、ハエが白い御飯にたかっているようなもの。こんなものを誰も食べたいと思わないように、守護霊も悪霊がいっぱいついている人を嫌う。嫌われると、とたんに運勢は悪くなる。

ただし、本人が深く反省し、気持ちを入れかえれば、その瞬間に〝悪霊バエ〟はどこかへ飛んでいってしまう。

強く人をうらめばうらむほど、悪霊はどんどん増え、やがてそれが巨大化して一つの独立した生霊となるわけだ。

うらみの量と運勢は反比例する、というのが神霊界の法則だ。

## 面白半分で祈るようでは成功はおぼつかない

パワーコールで運勢が実際によくなると、ついつい他人にもパワーコールしてやりたくなる。それが人情というものだろうが、決して霊がついたと確信して、面白半分で、唱えたり教えてはいけない。というのは、パワーコールの精神を完全に伝えないと災いが来ることがあるからである。

たとえば、守護霊合体の「センテン　ナム　フルホビル」や、金しばり解除の「ホンボラ　ソモビル　フルフルフルフル」のパワーコールで、悪霊を追い祓い運勢が爆発的によくなったので、友だちを自分の部屋に呼んで、運勢向上をやってあげる、ということはタブーだ。

パワーコールは本人が自覚してやるならいいが、他人がその人の運勢をよくしようと思ってやると、相手の悪霊がとりついてしまうことがある。なぜなら、本人の念の強さが、まだ悪霊に打ち勝つほど強くないからだ。しかも、よくなった運勢は神霊界から、いわばもらったもの。そのあたりを勘違いして、「俺はすごいんだ」と天狗にならないようにしたい。あくまでも、パワーコールは善の心で、感謝の気持ちを失わないでやることだ。

遊び半分、面白半分でパワーコールするとどうなるか。たとえ、他人の悪霊を呼び込まなかったとしても、死後苦しむことになる。それは、神霊世界のものを、自分のオモチャとして使ったからだ。

## 正しいパワーコールのやり方

《心構え》

①疑いの心を捨て、「絶対効果がある」と確信する。
②悪い目的で使用してはいけない。必ず天罰が下る。
③自分のやるべき努力を怠ってはいけない。
④効果が現れるまで、何度でもチャレンジする精神でやる。

《環境》

①周囲が騒がしい場所は、精神が統一できないので避ける。
②部屋の中のテレビ、ラジオ等のスイッチは必ず切る。できれば電話もはずす。
③部屋を真っ暗にしない。悪霊がやってくるから。
④丑三つ時、つまり午前三時前後にはやらない。この時間帯は悪霊が横行しているから。
⑤部屋をきれいに整頓して、すがすがしい雰囲気にする。

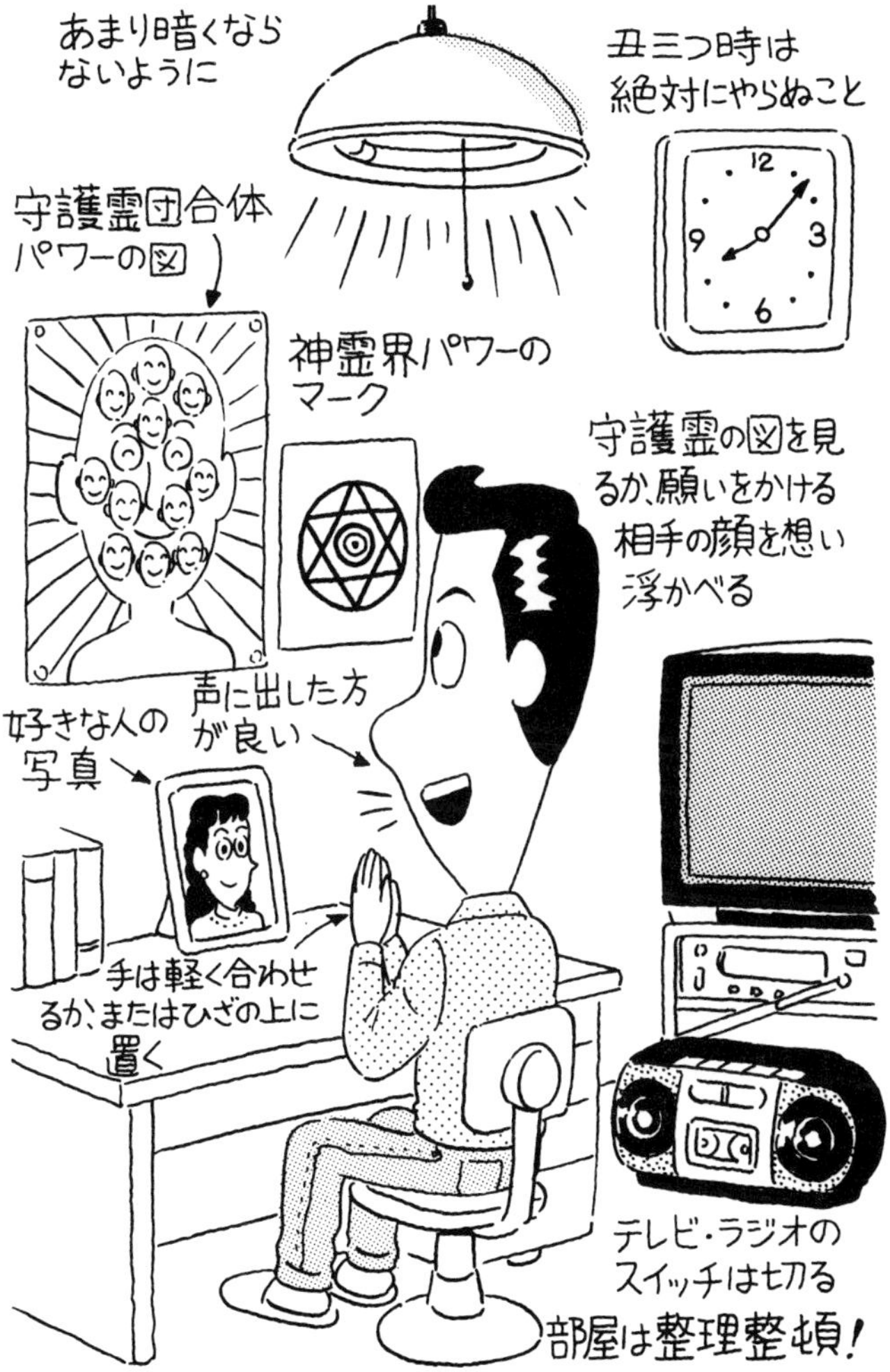


スタイルは自由、リラックスして！

《態度》

①目は開けても閉じてもかまわない。

②手は顔の前で合わせたほうがいいが、絶対ではない。やりやすい方法でやればいい。

③願いごとは具体的に声に出して、願いがかなったら、必ず感謝すること。

# 超マル秘・神霊界を動かすパワーコール

## 超マル秘・神霊界を動かすパワーコール

パワーコール

**◎センテンナムフルホビル**

〈覚え方〉

「センテン、ナム、フルホビル」

**◎ノーマクサーマンダバーザラダンセンダマカロシャーダソワタヤウンタラタカンマン**

〈覚え方〉

「ノーマクサーマンダ、バーザラダンセンダ、マカロシャーダ、ソワタヤ、ウンタラ、タカンマン」

〈短く言う場合〉

「ノーマクサマンダ、バザラダンカン」

効　果

守護霊を中心に、他にいい霊がたくさん集まり合体する。それと同時に、自分自身と守護霊も合体できる。天地自然の善なる霊気がなびく。

強い意志と力を持った不動明王様が、守護霊団の中心に入る。これより、合体守護霊団のパワーは、三倍確実にアップする。

**◎ウンテントーボーエータート**

〈覚え方〉

「ウンテン、トーボー、エータート」

**◎ハルチウムチツヂ**

〈覚え方〉

「ハルチ、ウムチ、ツヂ」

**◎ホンボラソモビルフルフルフル**

〈覚え方〉

「ホンボラ、ソモビル、フルフルフル」

**◎アマテラスオオミカミ**

（十言《とこと》の神咒《かじり》という）

神界幸運ロゴマークを見ながら唱えると、災いが転じて福となる。

潜在能力が驚くほど発揮される。

簡単な悪魔祓い。金しばりに絶対の効果あり。

十一回唱えると、太陽のパワーを全身に浴びることができる。

第四章

# 「星に祈る」ことの本当の意味は

# 古代から星が幸運を象徴していた

## 三層構造になっていた星

昔から、「占星術」といわれるものがあった。夜、天空に輝く星たちを眺めて自分の運命や未来を占ったのである。

今ならさしずめ、ロマンチックな星物語程度で片づけられてしまいそうだが、古代の人々はそれこそ命がけで星を眺め、そこから不思議なパワーを感じ取っていたのだ。

今日のように科学文明が発達していなかった当時は、純真な気持ちで太陽や月、北極星を眺め、自然の息吹きや運命、運勢といったものを敏感にキャッチして、それを生活の中で生かしていたものと思われる。ところが、二十世紀に入り文明が栄えてくると、占いのたぐいはほとんどが非科学的との理由で、趣味とする他は人々の心から忘れ去られようとしている。

目に見えるものしか信じられない人々にとっては、太陽や月、北極星から神霊波動が地球に降りそそいでいるといっても、オトギ話にしか聞こえないかもしれない。ましてや、そういった星々に神霊たちが住んでいるとなると、ほとんど信じてはもらえないだろう。

なにしろ、星といっても地球のように空気や水がバランスよく調っているわけではない。太陽は何万度という超高温の世界。空気も水もないし、夜も昼もない。地球に近い月もほぼ完璧なまでの真空の世界。他の星々も似たりよったりの厳しい自然環境だろう。そんなところに、わざわざ神霊たちが住む必要などないではないか、と質問されそうだが、星々を〝不毛の地〟とみるのは早計すぎる。

古代の人々が心の耳を澄まして、星々からのメッセージを聞いたように、現代に生きる私たちも、キッカケさえつかめば星々の声を聞くことができるのである。現に、私の主催する〝星ツアー〟に参加していただいた方のほとんどが、星世界を霊のまなこ＝奇魂《くしみたま》＝で見聞してきている。

なぜ、そんなことが可能かといえば、実は星世界は人間の体と同じように、〝三層構造〟をしているからだ。

三層構造？　初めて耳にする内容かもしれないが、ちょっと聞いていただきたい。人間の体は一番〝外側〟に肉体があり、その〝内側〟に霊が存在し、〝中心〟部分には魂がある。この場合の外側、内側というのは三次元的な内外ではなく、より次元が高まっていく度合を示している。つまり、肉体は三次元的存在だが、霊は四次元的存在で、魂はさらに上級のランクに存在しているというわけである。

ところが、星世界も同じような構造になっている。望遠鏡で見える星の姿というのは、人間でいうとちょうど肉体の部分。つまり表面というわけだ。

しかしその内部には、霊や魂の部分があり、これは残念ながらどんな高性能な望遠鏡でも見ることができない。唯一、見ることのできるものはといえば、目ではなく人間の霊、あるいは魂しかない。

星々の詳しい内容については次の節で説明するが、肉体を脱いだ人間、つまり霊たちは、生前の行いに応じたレベルの星々に住んでいて、そこで何百年か修業したのち、人間として生まれ変わったり、あるいは次のレベルの星へと移住することになっている。まるで、サン＝テグジュペリの『星の王子さま』のようだ。このあたりの詳しい話は、別の機会に譲ることとして、ここは、とにかく、星が人間の体と同じように三層構造になっているんだ、ということを覚えておいてほしい。

## 星の世界を〝体験〟する星ツアーとは

人間と星の霊的部分が激しくスパークすると、信じられないような大運勢がやってくる。そのことは、すでに述べた。

また、霊をスパークさせる方法としては、パワーコール、志の高さ、守護霊の導きなどがあることも説明したが、それらを実践するにしても、星々の霊の世界が実際にどうなっているのかを知っているか否かで、星世界からの神霊パワーの受け止め方も違ってくるものだ。

一番手っ取り早いのは、一時死んで星世界をのぞいてくることだが、誰でもそれが可能なわけではなく、神霊世界から特別に許された者だけが、星世界へトリップできる。

過去、星世界へ自由にトリップできた者たちは、人々から〝予言者〟とか〝神の使い〟とかあがめられた人物が多い。ノストラダムス、スウェーデンボルグ、出口王仁三《おにさぶ》郎《ろう》などがそうである。

彼らは自由に星世界へ行って、人類の過去や未来をかい間見、それを人々に紹介したにすぎないのだが、一般の人々の目には、彼らの言葉は予言や神の声と映ったのだ。つまり、星世界へ行くと大運勢を受けられるばかりか、過去や未来をも知ることができるのだ。

なんとかして、星の霊的世界を見てみたいと願っても、先ほど説明したように、許された者しか行くことができない。

だが、一部の者だけがそうした〝恩恵〟に浴すというのは、なんとなく不公平である。誰でも運勢をよくしたいと願っているし、過去や未来も見られるものなら見てみたいと願っている。そこで、私は特別に神霊世界に許可をもらい、誰でも行ける無害の〝星ツアー〟なるものを実施している。これによって、普通の人でも、ノストラダムスや出口王仁三郎のように過去や未来、あるいは霊界をかい間見ることができるようになったわけだが、現在のところ、この〝星ツアー〟へは限られた人数の人しか参加することができない。

というのは、星霊界へそのままの状態で行けるのは、当方へ来て、私が直接指導する方のみだからである。

しかし、星世界を見ることができないからといって落胆するのはまだ早い。要するに、星には霊的パワーがあり、それが私たちの霊や運勢に影響を与えていることを〝悟り〟

さえすればいいのである。

また、次の節で星の様子をイメージではあるが紹介してあるので、これをもとに頭の中で自分なりの星世界を描いていただいてもいいだろう。

さて、星ツアーの実際の様子をここでちょっと紹介しておこう。

星世界へ旅立つのは、人間の四つの霊魂のうち、最も中心的存在の奇魂《くしみたま》だ。この奇魂が出入りしているのは、ちょうど眉と眉の間、ヨガでいえば「アージャーニー」と呼ばれるチャクラ（肉体と霊を結ぶ部位）だ。奇魂については二三三ページで紹介する。

ツアーはだいたい一〇人前後で出発だ。とはいっても、ただ椅子にリラックスした状態で腰かけ、軽く目を閉じればよい。手は胸の前で合わせる。部屋は気が散らないように、静かにそして薄暗くする。

私が念を集中し、一人一人の奇魂を頭の中から引っぱり出す。いろんな雑念で頭がこり固まっている人は、奇魂が飛び出そうとしても〝殻〟が硬くてなかなか外へ出ない。そこで、私はノミやカンナ、時にはでっかいハンマーなどで、硬い殻を打ち破る。もちろん、実際のハンマーでやるわけではなく、神霊的に見た場合の話である。

このとき、

「おでこのあたりが、すごく熱くなりました」

と感じる人が多い。霊的パワーが微妙に肉体にも影響を及ぼしているのである。ツアーの時間は長くても二〇分。その間、頭の中に自分自身が考え出したものではない、なにか別の〝意識〟の産物であるような映像がボンヤリと浮かんでくる。

実は、その映像こそが奇魂が見ている星世界の姿なのだ。

慣れてくると即座に星世界へ入ることができる。中には星の主宰神（その星を司っている一番ランクの高い神）と自由に未来のことを話したりする人もいる。こうなると、ノストラダムスや出口王仁三郎と感覚的には同じだ。

すでに、これまで何百人という人々が星ツアーを体験されている。最初の〝飛行〟ではなにも見えなくても、二回、三回と回を重ねてくるとやがて、明瞭な映像が脳に浮かんでくるようになる。

一回に行く星の数は三〜四。たいていは月からスタートし、水星、木星と進んでいく。たいてい最後の星になると見えるようだ。統計をとったわけではないが、九五パーセント以上の人が、なんらかの共通する映像を星世界の実相として見ている。そして、星ツアーの直後、急に幸運が訪れたり芸術的直感が鋭くなったりしている。ミュージシャンが参加者に多いのはそのためだろう。

# ツキを招く星の波動

## 誰でもつかめる幸運の星

ここでは、星ツアーに参加しない読者のために、星霊界の様子を伝えるとともに、幸運をつかむための星に祈る場合の心構えを示したい。この心構えがしっかりできていないと、星から降り注いでくる幸運のパワーを十分浴びることができない。だから、まず、幸運の星を自分のものにするための、大事な心構えからお話ししよう。

たとえば、あの太陽。キラキラと輝いていて、まともに直視すると目が痛いほど光パワーを放っている。そして、光と一緒に熱や放射線みたいなものも地上に届けてくれる。太陽の光の下にいるとポカポカ体が温まり、「ああ、今日は一日ノンビリしたい」などと思う。

ツキを今一歩のところでいつも逃しているような人は、この太陽を物理的な側面からしかとらえようとしない。ところが、ツキのある人間、運勢の強い人間はそうではない。

物理的側面プラス神霊的側面を加味して見ている場合が多い。ここでいう、神霊的側面とは、別段本人がそのように自覚しているとか、していないというのではない。要するに、太陽の光パワー以外の、もうひとつを感じているということなのだ。

わかりやすく説明しよう。

太陽の光を浴びると、「よし、頑張るぞ!」という気持ちになるとか、思わず手を合わせてみたり、辛くて嫌な考えを吹き飛ばして前向きにものごとをとらえるようになれば、太陽の幸運パワーを感じているといっていいだろう。太陽には、物理的太陽の空間の他に太陽四次元霊界、太陽五次元神界があり、太陽系惑星の霊界、神界を統括する中央政府があるのである。

朝日を見ると、心臓が高鳴ってくるが、あれなどもそこから発する太陽の幸運パワーが目から口から鼻から耳から、つまりあらゆるところから注ぎ込まれているからなのだ。すがすがしい気持ちになって、活力がみなぎってくるのは、みんな太陽の「光」以外のもうひとつの力のせいなのだ。

もちろん、この力は日中も、そして夜でさえも地球を貫いて、私たちの体に届いている。ツキのある人というのは、実に絶えずこの太陽の幸運パワーを無意識のうちに感じているわけなのである。

太陽は物理的な光も強いので、一例として説明したが、同じような幸運パワーは、月からも金星からも、いろんな星々からも地球へ届いているのだ。

天賦の才能として、こうした星々からの幸運パワーを感じ取ることのできる人間が、いわゆる、運勢の強い人ということになるわけだ。逆になにも感ぜず、ただボヤーッとしていると、星から来るツキに見放され、なにをやってもうまくいかないというハメに陥る。幸運の星をつかむ心構えとは、つまり太陽や月などを漠然とながめるのではなく、「なにかがあるぞ。パワーや幸運波動が来ているぞ」と信じて見ることだ。こうすることによって、それを認識し、吸収する霊界が自己意識の内部に形成されるため、幸運の星は本当に霊力を発揮して自分のものになるのである。

## こんなにある星の〝ご利益〟

それではまず、それぞれの星の幸運パワーの種類を紹介しよう。なお、これは神霊界の許しを受けて発表するが、これが全部ではない。許しを受けたごく一部だけであるが、日常の生活の中で、この程度の役割を知っていれば十分、というランクまで公表することにした。

［太陽］

太陽は見ればわかるとおり、非常に明るく、躍動的だ。地上の植物、動物は太陽の光がないと生きてゆけないものが多い。文字どおり生命の源のような存在だが、神霊的にみても、やはりエネルギー・活力源となっている。

「よーし、一丁頑張るか」というときは、太陽の存在感を体の中に呼び起こしたらいいだろう。情熱が心の中からフツフツと湧きあがってくるはずだ。太陽は地球も含めた太陽系の中心にあるので、ちょうど惑星に対して〝中央政府〟的な役割をはたしている。

またここには六四のコミュニティー（地域社会）が形成されていて、ちょうど地球上のあらゆる民衆と国家の聖なる場所の雛形となっている。つまり、天界のもろもろの決まりごとは、太陽の聖なるコミュニティーの決定を通じてこの地上に反映されるといっていい。

「アマテラスオオミカミ」とは、これらの働きを総称して言うのである。太陽の主宰神

●上——木星の弥勒菩薩の紫光宮
●左上ー冥王星で会った王様
●左下ー水星で会った白髭の老人
●下——水星の屋外音楽堂

星ツアー参加者が描いたイラスト

様は「アマテラスオオヒルメムチ」で、六四のコミュニティーを取り仕切っておられる。漢字で書けば、「天照大霊女貴之大神」で、女性神である。出雲の日御崎《ひのみさき》神社のご祭神はこの方である。通常は深紅の色をした雅《みやび》な着物を着ておられるが、それは〝大和の国〟というコミュニティーでの話。アテネにあるパルテノン神殿そのままの宮殿に行けば、真っ白で優雅なドレスを着ておられる。ダイヤモンドとルビーをちりばめた王冠や杖は、地上のどんなものより美しく、そのお姿は絶世の美女に気品と優雅と高貴さを凝縮させたようである。私はこのお姿が大好きで、太陽神界に行けば必ずここにお伺いする。それはともかく、太陽神界の主宰神は全部でご三体である。女性神が中心であり、あと二神は男神。一柱は、天常立之神《あめのとこたちのかみ》と申され、もう一柱は、国治立之神《くにはるたちのかみ》と申される。前者は、神典に名前はあっても、どこにいらっしゃるかわからなかったが、白ヒゲ豊かで厳然としたアポロンである。

後者は、「生命」を司る神様で、紫のサファイアのような「命の種」を、太陽神界から地球へ送っておられるのをよく拝見する。

ところで、拙著『神界からの神通力』（TTJ・たちばな出版刊）でも紹介した、日本が誇る世界的ミュージシャン、カシオペアの野呂一生氏を以前、星ツアーで太陽神界に案内したことがある。そのとき、野呂一生氏は、「太陽神界の神様に『これが三次元の太陽、これが四次元の太陽、これが五次元、即ち太陽の神界です』と次元別に説明を受け、詳細に見せていただきました。最も感動したのは、ある場所に案内され、なんだか細胞組織の図を大きく立体化したような幾何学物体で、これが『命』です、と説明されたときです。ここところをつないでいるこれが、実は『愛』なのです、と説明されました。そのとき、（そうか……）とぼくはえらく納得して、深い感動を覚えたのです。それから、ガルーダの背に乗せられて、いろいろなすばらしいコミュニティーの上空を遊覧飛行して見てきました。まさに、崇高でみごとな景色でした」と感想を述べておられた。

この中に語られた「命」の世界を、国治立之神は統括しておられるのである。

三次元的な目で太陽を見ると、何万度という高熱を持った燃えさかる恒星。とても、生物などは生きられる状態ではないが、すでに説明したように星は〝三層構造〟になっていて、ギラギラ燃えているのは、三次元的世界のみ。人間にも目に見える体の他に、自分の目には見えない心と魂の部分があるように、太陽にも心と魂に匹敵する部分があるのだ。

今、説明した太陽世界は、もちろん後者の目に見えない世界のほうである。太陽の光を感じたら、必ず、こういった高次元世界からの霊的エネルギーも降りそそいでいるのだ、と思うようにすれば、強い運勢を得ることができるはずである。

その際のポイントは、先に説明したご三体の神様の名前を正確に唱えることである。神名の音はその働きをすべてあらわし、正しく誠を込めて唱えれば、そのお働きを自分に招き入れることができるのである。

太陽神界の画像をもっと具体的にイメージすれば、もっと強く受けられるが、詳説すればそれだけで一冊の本になってしまう。紙面の都合上、これだけでお許しいただきたい。

また、前述のごとく、太陽神界すべての働きを総称して「アマテラスオオミカミ」と申し上げるが、一音一音を大切に発音して、十一回唱えるパワーコールのことを、「十《と》言《こと》の神咒《かじり》」ともいう。この際でも、ご三神の存在を意識の奥から離さないことである。

やや宗教っぽく、次の歌。

三主神《さんすしん》余りある身の光より幸《さち》とめぐみの道ふらすかな
千萬《ちよろず》の天津御神《あまつみかみ》の働きを統《す》べ治むかな日の三柱《みはしら》は
仰ぎつつ励み励みて祈るなら天津日神は善照らしたもう

深見東州

［水星］

水星は位置的にも太陽に近いので日差しが強く、人々は日よけのために大きな帽子をかぶっている。人口は約一〇億人。主宰神からそう伺った。神霊レベルでいうと、ここは中有霊界の上に当たり、地上において善良で常識的な生き方をした人々が、死後行く世界だ。

太陽系惑星群を人の生涯にたとえると、水星は三歳から五歳前後の子どもの心になるだろう。非常にみずみずしい感性を持ち、ちょうどこの年齢の子どもがなんにでも興味を示して「ナゼ？　ナゼ？」と質問をするように、水星は真理を探求するエネルギー波を地上へ送り出している。

余談だが、スティービー・ワンダーの曲は、この星のメロディー波を受けているものが多い。

こういうわけで、なんにでも興味のある人、胸に希望をいっぱいつめている人、またはつめたいと思う人は、水星に向かってそのエネルギーを受けるようにしたらいい。それから、まあここだけの話だが、この水星はバストを大きくする作用もある。子どもが胸をふくらませて「ナゼ？　ナゼ？」と質問するのと同じで、肉体的にも胸が大きくなるのだろう。

その他、経済的な知恵を得たいと思ったら、水星に祈るといいだろう。知恵の他に、商売のヤル気も出てくる。大黒様が住んでいるのもこの星なのである。バストと経済に関しては、主宰神の妻神「トヨタマヒメノカミ」様の神名を唱えればよい。この神様の名前は神典にも出ているが、水星でこういう役割（他にもあるが）をはたしていることを明かすのは、私が初めてであろう。「商売で運が向いてきた」などというのも、その女神が動かれていると考えてよい。

［金星］

宗教関係のいろいろな読物の中に、ちょくちょく顔を出すのがこの金星。人生の年齢でいうと、ちょうど一八歳から二五歳ぐらいまで、いわば最もパワーが出て、かつ重要なころだ。しかも、いろいろな種類のパワー波を出しており、その数ざっと七八。金融対策から学術的なもの、あるいは宗教的なものまであり、それぞれの分野で行き詰まりを感じたら、金星に祈りを込めるといいだろう。

ちょうど、一八歳から二五歳というと、なんにでもチャレンジして、それを乗り越えていこうとする活力がみなぎっている。そして、人生の基礎作り、人格形成をこの時期に成す。

思春期とは、人間が木星や金星の影響を受けて精神的な面を形成する時期であるともいえるのであり、一生の進路もだいたい金星の働きで、このころ決まる。守護霊交替の最も多い時期だ。

ところで、女性は一七歳ごろから金星の影響を強く受け始める。というのは、男性に比べて一、二年早熟だからだ。

金星を神界レベルから見ると上級霊界の部類に入り、太陽神界のすぐ下あたりである。宗教的な成功者クラスがここへ行く。成功者といっても、名をあげたり信者が多いということではなく、ドグマに陥らず、広く宗教的に人々を愛し、道を説き法を極めた人物を指す。

神霊界のパワーや具体的な宗教教義、指針は、この金星を通じて人間界に届くので、いわゆるミラクルパワーを発揮することができる。

かつて、お釈迦様に「天上天下唯我独尊」の悟りを与えた「明星」も、この星である。モーゼのエジプト脱出を導いたり、ユダヤ教理などを教え導いたのも、主神を顕現させた金星の働きなくしては語れない。モーゼの奇跡の約七割は、金星秘法といわれるものである。私は実際に金星に行って、モーゼの神霊から直接聞いたのであるから間違いない。ユダヤの預言者を導いていたのも、たいていこのミラクルパワーによるものだ。

暁の明星として知られる金星。あるいは〝一番星〟として、だれでも一度はゆび指したことがある金星には、人智を超えた力が潜んでいることを知って、行き詰まり打破のここ一発のとき、祈りを込めよう。ユダヤの預言者ほどでなくても、ユダヤの成功者ぐらいにはなってほしい。

〔月〕

ご存じ、地球の衛星として、最も私たちには馴染みのある星。太陽を陽とすれば、月は陰にあたるが、影響力は太陽に匹敵するほど大だ。

月は「ツキ」と読むが、これはそのまま「ツキ、運」につながっている。つまり「ツキがある」とか「ツキに見放された」というときの、あのツキだ。

また、月ヘンの漢字には「腰」「肝」「臓」というような体と健康に関するものが多いが、これは偶然ではない。漢字を創造した古代の人々は、ちゃんと月の霊波動が健康に大きく作用していたことを知っていたのだ。だから、わざわざ月ヘンをつけて漢字をつくったのだ。

月の、ほのぐらく明るい雰囲気は、ちょうどインド世界の仏教に相当している。実際、月の主宰神「ツキテルヒコノオオカミ」様は、仏教に多大な影響を与えておられる。お釈迦様の守護神であったからだ。

太陽のように、あまり隅々まで明るく照らし過ぎず、適当に煩悩や悪さを容認して、手を替え品を替えて説教し、少しずつ衆生を本来の道へと導かれる。まさに、満月、半月、三日月と姿を変えて、夜空に輝く月のようではないか。また、インドは灼熱の国。太陽は嫌われ、月が安らぎを与える象徴として貴ばれ慕われたということもある。

もうひとつ大事なことがあった。月は文学、ロマン、恋といった分野にも力を発揮するという点だ。いい恋人とめぐり逢いたい、彼あるいは彼女の心を自分のほうへ向かせたいという場合は、月への祈りを込めるべきだ。無骨な男性は、徐々に歯の浮くようなことも言えるようになるのである。

このように、地球は太陽の周りを回り、月は地球の周りを回るという図式は、それぞれが切っても切れない関係であることを示していて興味深い。太陽は、人間の精神的な世界（魂の世界）へパワーを送り、月は肉体と物質世界および神霊の世界へパワーを送り出している。人間はこのふたつの星の影響を大きく受けながら、悲喜交々《こもごも》の人生を過ごしているわけだ。

しかし、このふたつの星の神霊的存在を知るだけでも、その人の一生はかなりよくなってくるだろう。とくに、月はツキを呼び込める星なので、金もうけや恋人探し、家探しに勝負ごとまで、直接的ご利益をもたらしてくれる。文章が上手になれるのも、月の霊波動がカギを握っている。もちろん「月のもの」である生理不順も、ピタリとレギュラーになる。そして、失恋の傷心を癒してくれるのも月なのである。失恋したら「太陽に向かってほえろ」ではなく、「月に向かって泣こう」なのである。自然と心が安らいで、心がなぐさめられる。勇気が湧いて、次の男性、女性のイメージもチラホラ……。それから、決して「月に向かってほえる」ことがないように。オオカミ男になるからである。いや、これは冗談。

霊界レベルでいうと、月は中有霊界の中段から下段にかけて、可もなく不可もなく生きた人々が死後行く世界だ。

［火星］

火星はその名のとおり、火の星。つまり、熱狂的な情熱と闘争の世界だ。赤龍、火炎龍、黒龍等が住んでいて、いつも激しく争っている。まるで戦場であり、モタモタしているとすぐにやられてしまう。種々の兵器やミサイルなども、この星に貯蔵されている。ノストラダムスの予言の争いの部分に関しては、この神霊界を予言詩として表したものなのである。

また、この星は非常に単純明快な雰囲気があり、人生の年齢からいうと二歳から三歳までの年頃。そのほか、水子の霊などもこの星の世界の天国界に住んでいる。

二、三歳というと疲れを知らない世代。自分の好きなものは、泣きじゃくってでも手に入れようとする。なんにでも興味を示し、手にとって投げたりぶつけたり、食べてみたり、とにかく見ているだけではことが終わらない。必ず、活発なアクションがともなう。そして、すぐに夢中になってしまう。

火星とは、こうした霊波動に満ち満ちている世界だ。どうもここ一発の情熱が不足しているというような人は、火星の霊波動を浴びるようにしたらいいだろう。闘魂がムラムラと湧きあがってくるに違いない。力と技の男のロマン。プロレスラーにお勧めの星である。

［木星］

木星は地上の願いごとが聞き入れられ結実する星だ。金星が、天界の願いを反映して地上に影響を与えるのに対して、木星は地上の願いを天に反映させるのだ。そういうわけで、「〇〇をお願いします」と願いを立てると、かなり効果的に聞き入れられる。

人生の年齢からいうと、一一歳から一七歳ぐらいまで。思春期の明るくのびのびとしたみずみずしい発展の気運に満ちている。そして人生に対する一途な思いなどがごちゃまぜになった、変化に富んだ霊的波動にあふれる世界だ。ディズニーランドの原型も、ここにある。夜景がきれいなことでも定評のある星である。

言い忘れたが、仏教界の胎蔵界は金星にあり、金剛界はこの木星にある。もちろんそれぞれの上部神霊界にある。そして木星は神霊ランクでは一般的にいって、中有霊界の上級、つまり、人生の道を明るく極め、善徳をたくさん積んだ人が死後行く世界である。

星ツアー参加者が描いたイラスト

太陽にある神殿

木星で見た超高層ビルディング

火星にいる戦いの龍

非常に美しい世界が開けており、人々はそこでのんびりと、あるいは活発に生活している。それで、ここをちょっとのぞいた人は帰るのが嫌になるのである。

木星に対しては願いを立てて祈るほかに、思春期の人生に対するういういしさを取り戻したいときなど、その霊波動を受けるといいだろう。特に若々しさや家内安全、楽しく豊かな活発さが戻ってくる。また、思春期にある青少年たちは、今もっとも木星の影響を受けているわけだから、苦しいときや悲しいとき、辛いときがあったら、迷わず木星へ祈りを込めるようにしたい。

とくに木星には「願立て神社」があって、どんな願いでも聞いてくれる。考えてみるがいい。伊勢や出雲など著名な神社を慕って詣でた場合、「よくぞ遠路はるばる参ったな」とご祭神も格別なご加護を与えてくださるもの。それが、地球を飛び出して、魂だけではあるが、わざわざ木星まで詣で、しかも「願立て神社」にお参りするとなれば、「もうなんでも聞いてやるぞ」と木星の神々も聞いてくださるのである。

現在、地球人では私が星ツアーで案内した数千人程度しか、ここで直接願を立てた人はいないはずである。

「願立て神社」は正確には三カ所あって、「黄金宮《おうごんきゅう》」「楽豊宮《らくほうきゅう》」「神仙宮《しんせんきゅう》」とあり、この「黄金宮」に「黄金姫」様がいらっしゃる。たいへんふくよかな美人で、ファッションもみごとだ。

この黄金姫が本当に微笑むと、一生涯お金に困らない。豊臣秀吉の時代に佐渡から金が豊富に出たり、聖武天皇のとき、陸奥国金華山から黄金が出て、大仏建立がなったのも、みんなこのお姫様が大いに働かれたからであった。

ところで、木星は太陽系の中では非常に巨大な惑星で、もう少し質量があったら重力で星そのものが輝き出すところだったといわれている。つまり、太陽のようになれたのだ。これはとりもなおさず、大きな希望を秘めた星ということができるだろう。ちょうど、一一歳から一七歳ぐらいの青少年の胸の中に、大きな夢と希望がぎっしりと詰まって、いつでもキラキラと輝き出せる、そんな可能性を秘めているのと同じだ。

［土星］

ここにはエンマ大王さんがいる。実際ここで何度もエンマ大王に親しくお目にかかっている。

地上で人殺しなど悪いことをした人間は、土星に行って、エンマ大王さんのご厄介になるのだ。

土星は地獄界があることから考えても、そんなに甘い世界ではないことがわかるだろう。

「七難八苦」という言葉があるが、まさにそのとおり。苦しくて辛い霊波動で充満している。だからといって、土星には祈りを込められないかというとそうでもない。たとえば、自分の子どもを厳しく、辛苦に負けない立派な人に育てたい場合などは、この星に祈ればいい。ビシビシ鍛えてくれるだろう。忍耐と辛抱する力をつけることができるのだ。

エンマ大王さんのような、強烈な善悪基準を求められるときも、やはり土星に祈りを込め、自分自身の姿勢を正すことができる。夢とか希望という世界からは遠くかけ離れた存在だが、こういった善悪のパワーについては強烈なものがあるので、ここ一番というとき必ず役立つだろう。

残念ながら、星ツアーではまだ誰も土星へは連れていったことがない。というのも、間違って地獄界に入り込んだら危険だからである。また「天王星」「海王星」についても、神様のお許しが現時点ではくだっていないので、連れていけないし紹介もできない。

ご了承ください。

［冥王星］

海王星との関係で太陽系の一番外側になったり二番目になったりしているが、神霊界から見ると、最も外側に位置している。人生の年齢からいくと、還暦を過ぎれば冥王星の影響下に入るといえるだろう。

太陽が新しいものをどんどん生み出す立場だとすると、冥王星は古きよきものを残したり発見したりする立場。アンティークロマンがある星だ。非常にノンビリしていて、心の平安がそこにはある。ちょうど山陰地方のローカル的雰囲気がいっぱいで、水墨画の世界や山紫水明の世界にも通じ、わびさびの世界もあって、茶室などもある。そして、時間の経つのは遅い。有意義な老後を過ごしたいと思うなら、冥王星に祈りを託せばいい。また、心静かに真理を探究する星でもあるので、本格的に古典学問に打ち込みたい人も、やはり冥王星だ。余談ではあるが、ラクダとアラブ人が住んでいるのを見たことがある。イスラムの世界もあるのだ。

もうひとつ、人は還暦過ぎると童心に返るという。まさにそのとおりで、ここにはメルヘンの世界が広がっている。ちょうど、おばあちゃんが、小さな子どもに物語を読んで聞かせているといった世界だ。映画『ネバーエンディングストーリー』の中に出てくる夢の世界〝ファンタジア〟はもしかしたら、冥王星を指しているのかもしれない。白雪姫と七人の小人たちの森とそっくりな森があり、実際、私は小人を見ている。木霊の化身であろう。人間の子どもの顔ではなかったからだ。

ここは、太陽系最遠の星らしく、人生の審判をくだす場所でもある。もちろん、土星のエンマ大王さんのような善悪基準ではなく、むしろ人生の生き様、心の持ち方、満足度といった、その人の本心、良心に照らし合わせた審判といえるだろう。この冥王星で勉強を積み重ねると、いよいよ太陽系外の星「北極星」へ行く権利が与えられる。

［北極星］

地球の地軸は北極星を向くようになっている。人類がこの地上に誕生したときから、北極星はすでに地軸の中心として位置し、地球に多大な影響を及ぼしてきた。一生の願いをかけるなら北極星、毎日の願いなら太陽、特定の願いなら木星となっているが、北極星には生まれる子への願いを母親なり父親なりが託すといいだろう。北極星の主宰神はとても子ども思いの好々爺だからだ。

宇宙真理の叡智とスーパー・ミラクルメルヘンの世界がそこにはあり、強烈な運勢の霊波動が渦巻いている。この星とコンタクトを持ち、霊波動をいつまでも感じることができるようになれば、百万人力のパワーを得たにも等しい。

頭脳明晰、カンは冴え、芸術性は高められ、不幸なできごとも未然に防ぐことができる。よき人々にめぐり逢うことができ、学業も事業もうまくいく……といった具合だ。

最終的には、やはり北極星への祈りに到達することが望ましい。北極星はいつでもたやすく見つけることができる星なので、積極的に祈ろう。これが、古代中国人が崇敬してやまなかった最高神「天帝」の真の住居であり、太乙、太極、天の枢府、極真など、みなこの北極星の有様を述べているからである。人類社会のドラマの原作をつくる北極青玄宮には、太乙老人や霊母が住んでおられる。難解な本を読んでわからないときは、ここへ行って教えてもらうことにしている。

# 星の運勢・ご利益一覧表

## 北極星

叡知と運勢のすべてのものがつまっている。胎児のときの局面を司り、先天の域を形成している。その意味で、その人のすべての運勢をにぎっている。

また、災いや不幸も無形のうち、先天のうちになくしてしまう最高の救済力を発揮する。地震、台風も未然に防ぐことができる。百年先の地球の姿。

## 太陽

太陽系における中央政府的存在。

躍動、名誉、栄達、出世、活力を司る。

## 水星

三〜五歳前後の霊的波動。

なんでも興味をもつ、真理探究の星。

「哀愁」の音楽と理財の働きがある。

## 金星

神界の願いを地上へ映し出すときの中継点。宗教、霊学問の星。モーゼや釈迦もこの星に導かれた。

一八〜二五歳までの霊的波動。

## 月

仏教の世界が広がる、金星の胎蔵界、木星の金剛界もここを通して顕現される。健康やツキを司る。ご利益が多い星。恋愛運もOK。

### 火星

争いが絶えない星だが、反面、ガッツとエネルギーに満ちている。二～三歳の霊的波動。

### 木星

地上の願いを映し出す星。万能円満の星。「黄金姫」様がいらっしゃる。一一～一七歳の思春期の霊的波動。

### 土星

地獄界があるが、善悪に厳しい星。忍耐と辛抱を得ることができる。どういうわけか腎臓の病気にもいい。

### 冥王星

静かなメルヘンの世界。アンティークロマンの源流がある。六〇歳以降の霊的波動。北極星への「入口」にもなっている。

### その他

海王星は、六～九歳ぐらいの霊的波動。エセ宗教家、占者らが行く地獄がある。

天王星は、国家経綸の機密をにぎっているため公開できない。精神的な生涯の型を司っている。九～一二歳の霊波動。自我を自覚し、人生の雛形がみられる。また革新の星でもある。

# 自分の霊を高めて神と合体する

## 心を無にして神に近づく

神様と仲よくするにはどうしたらいいか、とよく聞かれる。これは非常に簡単だ。誰でもその気にさえなれば、必ずできる。その方法はこうだ。とにかく心を無にして、我《が》を捨てることが大切。そして、そこに神様がいると思って、意を誠にして親しもうと努力すればいいのである。

「全部神様にゆだねます」といった心境である。そして、自分自身の人生を、神様から好かれるような人間になるため、世のため人のために使おうと決心する。そして、それができるような立派な人間となるべく、精進努力をすればいいのである。この思いを一年、二年と継続させ、同時にそれにふさわしい行いもする。すると、自然と必要なときに〝霊眼〟が開けてきて、神様の声が心の奥で聞こえるようになる。実に簡単。簡単すぎて、信じられないほどだが本当だ。

ただ、我を捨てる、継続して思い込むという点が、ちょっとばかり難しいかもしれない。が、最初から一年間やるぞ、と決意してもあまり期間が長いと途中であきらめてしまうので、たとえば、初めはとにかく一週間頑張ってみて、それができたらまた一週間延ばして……という具合に、少しずつ継続させるといい。

もしかしたら、最初のころ三週間で神様の声を耳にすることができるかもしれないし、頑張って頑張りとおしてやっと一年目に聞くことができるかもしれない。神の声へチャレンジするのなら、まずその前になるべく、「一カ月頑張りますから、それまでに必ず声を聞かせてください」と、ある程度期限を区切ったほうが、神様も結論を出しやすい。

ところで、神様の声といっても、本当は守護霊の声の場合が多い。というのは、神の声を聞くためには、それなりの手続きを踏まなければならないからだ。その点、守護霊は案外、気軽に応えてくれる。総理大臣と直接話をするのは非常に難しいが、市長や町長さんなら話が可能なのと一緒だ。しかし、市長だから町長だからといって軽く見てはいけない。総理大臣からの親書を携えて、それを直接、代読という形で市長や町長が伝えることもあるからだ。だから守護霊の声だからといっても、それは神の意志を伝えていることにもつながるわけだ。また、この声というのもクセ者。悪霊が語っている場合も多いので、本当の神様のメッセージかどうかを判断することが必要だ。これを「審神《さにわ》」という。判断する方法を詳しく説明する紙幅がないが、直接霊感によるものと、霊の語る語調や文字の気を検討する方法とがある。

## 先天の修業と後天の修業

もうひとつ、神様とコンタクトを取る方法がある。みんなもよく知っているように、山にこもって滝に打たれたり、断食をしたりする方法だ。つまり、身体を厳しい環境にさらして邪気を祓い、神の霊を体の中に降臨させようとするわけだ。しかし、無理な難行は体を弱らせ、自分の霊魂をも弱らせてしまうので、逆に周囲の悪霊が入りやすくなるのが難点だ。第一そのような厳しい修業をしてまで、神の声を聞きたいなどと、特別の事情がない限り思わないのが普通だ。それでも願うのは、過度な超人志望、神通力志願となる。あまり強烈に願い続けると、その心に相応した、悪行天狗や妄執行者霊、キツネ、タヌキ霊などが憑依するのでくれぐれも注意したい。

したがって、この方法はあまりお勧めできない。もし実行するのなら、ちゃんとした指導者のもとで、正しい日常生活を送りながら、心の教養、知識、霊的自覚をバランスよく発達させることだ。

厳しい修業を積んで自分のほうから神様へ近づくのを「後天の修業」といい、先ほど説明したように、心をすべて神様にゆだねて、神様のほうから近づいていただくのを「先天の修業」という。簡単、確実なのはもちろん「先天の修業」。これは誰でも実行可能な、神とのコンタクト方法だ。ジャンヌ・ダルクや天理教の中山ミキ、大本教の出口ナオなどがこれにあたる。

ついでにつけ加えておくと、霊媒を通して霊と交信する方法もあるが、霊媒者の霊的パワー、修業の度合によって、交信できる霊のランクが決まってしまうので、これもあまりお勧めできない。しかも、死後まもない霊との交流は、天法にかなっていない点から考えても、避けたほうが賢明ではないかと思う。

## 〝四つの霊〟が自分を動かす

ここで少し、人間の霊的構造について説明しておこう。

人間の体にも頭があり胴があり足や手があるように、霊もそれぞれの役割に応じて魂《みたま》と呼ばれるものに分かれている。
●奇魂《くしみたま》─智を司る。他の三つの魂の総括的立場であり、直感、霊感をもたらす。
●和魂《にぎみたま》─親、和、つまり調和を司る。体にあっては内臓を担当。
●荒魂《あらみたま》─勇気を司る。筋肉や骨格等を担当。逆に働いて忍耐力となる。
●幸魂《さちみたま》─愛情を司る。体の中では情、心の部分を担当する。
以上四つだ。それぞれは独立して存在しているものの、一つの人間の霊には代わりがない。つまり、目や口や鼻や耳がついて顔となっているように四つの魂がワンセットで一霊となる。

また、一霊が活動するとき個性が発揮される。つまり、四つのうち、どれかが強調されるとそれが、その人の性格としてあらわれるというわけである。

さて、その中でもメインとなっているのが奇魂。この霊が出入りするのはちょうど額《ひたい》の部分からで、霊の形はその人にそっくり。大きさは小指程度だが、顔形はもちろんのこと、性格発想、すべての面でウリ二つだ。

この奇魂が体を自由に出入りして、霊界や星の神霊世界へも飛び出せるようになることを「天眼通力」が開かれたともいう。これが発達してくると、予知能力はもちろんのこと、過去のできごとや人の霊がはっきり見えるようになる。

ただし、これは本人がいくら努力して開こうと思っても、そうやすやすと開けるものではない。非常に厳しい後天の修業を一生涯積んでも、開けないことが多い。しかし、特別な先天の修業なら、神の直接の許可がおりるので、たちどころに天眼を開くことが可能だ。もっとも、死んでしまえば、いやが応でも奇魂たちは肉体を離れて霊界へ行くことになるわけだが、肉体が朽ちる前に神霊世界をかい間見ることが大切なのだ。

天眼が開けると、神霊界の実相がわかるので、生死を超えた正しい生き方ができるようになる。先に説明した星々の霊的波動ももちろん感じることができるし、邪念さえ出なければ運勢は爆発的によくなる。

そしてなにより、霊界の恐るべきパワーを活用して、人が一〇年かけて完成するべきものを、二、三年で完成させたり、ものごとの先々を鋭く見通すことができるようになるのだ。

星ツアーは、この奇魂をそれぞれの星に連れて行き、星の霊相を見聞するわけだ。奇魂と本人のコンタクト、つまり奇魂が見聞したことをどう感じるかだが、これは脳の潜在意識に働きかけ、はっきりしたインスピレーションといった形で通信してくる。

思い込みの観念や数値計算の左脳作用が強かったりすると、そちらの念が強すぎて、奇魂の通信が邪魔され、しばられてしまうが、心を落ち着かせて、「あとは神様にみんなおまかせします」という状態に入ると、非常にクリーンな形で奇魂通信を受けることができる。

## 大志を抱けば運もつく

大志を抱いて事を成そうという人物は、どこかに迫力がある。ただそこにじっとしていても、強い存在感を漂わせるなにかがある。

この迫力の源を天眼通力でのぞいてみると、その人についている守護霊や守護神から発せられている霊的パワー、霊的波動である場合がほとんどだ。

逆に、いつも自分のことばかり考え他人のことなんかどうでもいい、などと考えている人は迫力がまったく感じられないどころか、近くに寄りたいとも思わない。悪い霊がその人の周りにくっついているから、第六感で他人は危険を察知するわけだ。

このように、その人につく霊というのは、本人の志の高さと大きさによって大きく変化する。志が高ければ高いほど、それを成功させようと、強い霊が守護霊や守護神としてつくようになる。そして、志が高い人は、自己の限界を常に見つめ、また、どこかで守護霊が反省を促すので、たいてい我が少なく、我執の〝悪雲〟が自然に取れて霊も援助しやすいのだ。

ただ、霊的なパワーの強さだけでは志は成就しない。本人の努力がなんとしても必要であり、しかもそれは「人もよし、我《われ》もよし」という神霊界法則からみて正しい方向で行われなければならない。

守護霊の力、つまり神霊界パワーと自分自身の能力と努力。これがうまく合致すれば、信じられないようなスーパーパワーが派生する。成功者といわれる人の背後霊を見てみると、たいていものすごい守護霊が何十体とついていて、しかも本人も一生懸命努力したという場合がほとんどだ。いうなれば、本人と守護霊の二人三脚みたいなものと考えられる。

本人の志が高いということは、つまり歩調が大きく早いということ。すると、その歩調に十分合うような、すごいパワーを持った守護霊がパートナーとしてやってくるというわけだ。どうせなら、力のある守護霊と一緒に人生を歩みたい。そのためには、なんとしても志を大きく、高く持って、それにふさわしい努力を怠らないことだ。

## 強い意志こそ最大の武器だ

一度こんなことがあった。私のところに三〇歳をちょっと出たばかりのスチュワーデスが相談に来た。相談といっても、内容は結婚のことだった。

私はさっそく、本人の守護霊さんと本人の深層意識に尋ねてみたところ、半年後にすばらしい男性が現われるという返事。それを伝えると、本人も大喜び。で、なにを始めたかというと、さっそく式場探しやら、招待者のリスト作りだった。

しかし、いくら守護霊の返事だったとはいえ、結婚する相手の影さえ見えない状態なのに、本人はもうすでに、その仮想の相手と結婚したつもりになって、新婚生活を頭の中で描き出している。こうした頭の中で思いを描くことを想念というが、ともかく本人は、完全にすでに結婚している世界を想念で作り出し、そこですでに生活しているかのようだった。

友だちに会うたびに、「私今度結婚するのよ」と公言してはばからない。

「へー、それで相手の人は」との友だちの質問には、

「ええ、半年後に現れることになってるのよ」と平然と答える始末。周囲の人々は、みんな彼女の頭がおかしくなった、と思ったそうだ。

ところがである。

彼女が信じてやまなかった半年後、周囲の人がアッと驚くような出来事が起きた。なんと、職場の女性たちの憧れのマトだったハンサムで素敵な男性が、彼女にデートを申し込み、その日のうちに結婚を約束したというのだ。

私もこれには少々驚いた。が、彼女は〝当たり前〟という顔をしているのだ。

彼女の強烈な想念の力が、守護霊の予言どおりに運勢を引っぱり込んだのだろう。

もうひとつ、同じような話があるのでこれも紹介してみよう。

こちらのほうも三〇を少し過ぎた女性の相談。内容もやはり「いい人が見つかるでし

ょうか」というもの。守護霊に聞いてみると「一年後にすばらしい男性が現れる」というもの。ここまでは、さっきのスチュワーデスさんとまったく同じだ。

ところが、そのあとの話の展開がちょっと違う。

こちらの彼女のほうは〝そうかもしれない〟とは思ったものの、さすがに結婚式場探しまではやらず、ただいい人が現れるのを半信半疑で待っていた。まあ、年齢が三四だから、そう思うのも無理はない。その後、確かにお見合いの話も急に多く来るようになったし、素敵な男性もチラホラ現れ出した。にもかかわらず、どうしても結婚までには話がまとまらない。そして、とうとう約束の期限の一年が過ぎてしまったのだ。

あとで話を聞いてみると、信じたいとは思っていたけれども、ただそれだけで、先ほどのスチュワーデスさんのように想念の世界をつくり出すところまではいかなかったという。勝負はどうやら、この想念の世界をつくり出したか否かによって決まっていたようだ。

霊界というのは、〝そこにある〟ものではなく、〝そこにつくることができる〟ものだからだ（死後は、神の審判もあるが、自分でつくり出したそれ相応の霊界へ行く。これが霊界法則だ）。つまり、想念の力によって霊界はそのごとくにつくられるのだ。〝結婚できる。新婚家庭はこう築く〟と一生懸命頭に描いていると、そのように霊界が働いてくれる。しかも、守護霊の約束を信じて、想念の世界をつくり出したのだから、霊界が働かないはずがないのだ。

結婚に至らなかった彼女にしても、おそらく守護霊はすべて準備万端ととのえて、あとは彼女が想念の世界で、信じて霊的な場をつくり出し、勇敢に実行してくれるのを、今か今かと待っていたに違いないのだ。

このふたつの事例を見てもわかるように、霊界の力を利用する最大のポイントは、想念の世界をつくり出すことにある（法華経を体系づけた天台大師の「一念三千」の教えは、端的にこのことを物語っている）。これを数字で示すと、七割程度が神霊世界で準備され、残りの三割が人間の想念の力によって、地上に顕現するようになる。

想念といってもいろいろあるが、一番いいのは、無我の境地で自然につくり出されたもの。これにはストレートに神霊界が作用しやすい。こねくり回す念よりは純度が高く、神霊世界に通じやすいのだ。

最もタチの悪いのが、生霊《いきりょう》を生んでしまううらみの想念である。

「あの人をのろってやる、殺してやる」

などといった思いを持ち続け、自分が相手を殺しているシーンを頭で描き続けると、やがてはその想念が、一個の生きた霊となり、相手にとりついてしまうのだ。黒魔術などは、これを応用しているのである。今まで何度も霊を見てきているが、この生霊ほど、強烈、かつしつこいものはない。うらみが恐ろしい形相となって、相手の首や手や腰に巻きついたり、ガブリとかみついたりする。しかも本人が生きているので、何度も何度も悪い生霊を製造してしまう。

つかれたほうはたまったものではないが、その霊を出したほうも同じように、霊的虚脱状態に陥り、運勢はみるみる下降していく。

ところで、よきにつけ悪しきにつけ「思い込みが激しい」というのは霊界が働きやすくなる。それを頭に入れ、よい方向で思い込みを強くして、想念の世界をどんどん描き出せば、守護霊を中心に本人の阿頼耶識《あらやしき》が霊的パワーとなって顕現化し、霊界を激しく動かすことができるだろう。幸せ成就の秘訣はここにあるのだ。

# 悪霊、貧乏神に負けない法

## 救霊が一番確実な方法

ともかく運勢を向上させるには、悪くしている原因を取り除かないことには話にならない。では、運勢を悪く暗くしている原因とはなにか。それは、本人のマイナス思考と悪霊たちだ。

悪霊といってもたくさん種類がある。神霊界の眷族《けんぞく》（力を持っている使者）として幅を利かせる龍神や稲荷《いなり》ギツネ、白ヘビ、天狗。死んだ人の霊である地縛霊や浮遊霊など。そして、最もやっかいな、生きた人間から派生した生霊などである。

本人に霊障をもたらしている霊というのは、たいていうらみのかたまりであることが多い。霊がうらみを晴らしてしまえば、気が済んでサッサと霊界へ帰っていくかというと、案外そうでもないところに、霊障の難しい点がある。霊の中には何十年、何百年とうらみ続けている存在もある。ちょっとやそっとでは、人間から離れないのだ。

こういったもろもろの霊が、その人に取りついて運勢を食い荒らしているのだから、本人がいくら努力したって運の向上が今ひとつ冴えないのは当然である。

そこで、こうした悪霊を取り除くと同時に神霊界へ諭《さと》して返してしまうのが、私や私が主宰するワールドメイトの救霊《きゅうれい》である。人によっては、何千体もの霊が取りついていることがあるが、取り除けない霊というものはほとんどない。しかし、本人のマイナス思考を変えなければ、新たな悪霊をどんどん呼び込んでしまい、際限なき憑霊地獄をつくってしまう。

だが、この方法はわざわざ私のところへ出向いてもらわなければならないので地方の人は不便この上ない。ただし現在では関東・関西をはじめ、全国各地で行えるようになっている。また、遠出ができない人の場合も、写真の霊界に意識を飛ばして行う「写真救霊」という方法もある。詳しくはお問い合わせいただきたい（☎0120・50・7837）。まあ、近くに信頼のおける霊能者がいらっしゃったら、その人に頼んで救霊していただくのもいいかもしれない。それもままならないというのなら、霊障に負けないくらいの強い信念と志を持って、善霊で自分自身をガードしてしまうことだろう。

自分を守護している守護霊や善霊たちに、悪霊に負けない強い加護を願うのである。

いずれにせよ、最も危険なのは、半かじりの霊媒者に救霊を頼むこと。これは絶対に避けたい。というのは、ヘタをすると救霊するほうもされるほうも、より強烈な霊障が起きてきて、取り残しのままその霊にやられてしまうことがあるからだ。

## 不浄な場所は避ける

世の中には、なんとなく気持ちが悪くなる場所というものがあるものだ。

誰でも気持ちが悪いな、と思うのが夜のうら寂しい墓場。ナマ温かい風と不気味な笛の音がどこからともなく聞こえてくると「出、出た〜」ということにたいていはなる。実際、墓場は死者、とくに行き先の定まらない霊たちの溜り場のようになっているので気をつけたほうがいい。

そのほか、酔っぱらいがたむろし、ストリップやのぞき小屋が林立、喧嘩が絶えないといった場所も、悪霊たちがトグロを巻いているとみていい。よからぬ思いを抱いてウロウロしていると、霊にパッと飛び込まれてしまうだろう。

また、人が殺された家とか変死した家なども気をつけたほうがいい。面白半分で見学に行ったりすると、その家の周辺にいるうらみの霊や殺人鬼の霊、疫病神の霊などが、一斉に飛びかかってくる危険がある。

また、海外旅行などでも思わぬ霊障をくっつけて帰国することがある。霊障は成田の税関もフリーパスだから、身をガードするのは自分自身しかないのだ。

外国での不浄の場所というのは、死者がたくさん埋められているような、いわゆる〝聖地〟といわれる場所。あるいは、管理のゆき届いていないクモの巣が張ったような教会や寺院など。人殺し、強盗、酔っぱらい、浮浪者などが多数出没する場所も、やはり、それなりの悪霊が支配している地域なので近づかないほうが無難だろう。

特定の地域をあげて申しわけないが、こんな例があったので紹介しよう。

場所は南国、バリ島。そこへ遊びに行った男性の話だ。

半分はこの男性も悪いのだが、バリ島で女性を買ってしまった。これが間違いのもとで、それ以降、全身がくだけてしまうような痛みに襲われた。病院で診てもらっても原因不明。しかし、あまりの痛みに、本人は自殺を覚悟したほどだった。苦しみもだえながら、私のもとへきたとき、正直ゾーッとした。というのは、彼の体を、緑色のバケモノ蛇がグルリと巻いて、魂《みたま》が食べられていたからだ。

このバケモノ蛇は、バリ島の女性にもともと憑依していたのだが、一夜を共にしたばっかりに彼に〝宿替え〟して、日本にやってきたというわけだ。バリ島に行って、こういう得体の知れない強力霊をつけてくる男性が多いようである。

バリ島へ行って景色だけ見て、宗教的な土産は買わないほうがいい。というのは、一〇人中一〇人までが、土産物についた邪気を一緒に持ち帰ってくるからだ。

## 死者への妙な感傷も禁物

戦争で死んでしまった人々の遺骨を収集し、慰霊供養してきたあとどうも体の調子が悪くなったという話をちょくちょく耳にする。遺骨収集に限らず、死者を弔いに行ったあと、霊障を受ける場合がある。

この理由は、死者に同情しすぎたためである。

「かわいそうに。辛かったでしょう。どんな思いで死んだのか……。生きていれば、今ごろは……」と死者の霊を現世に呼び戻すような念を出すと、死者は成仏できずに、同情してくれた人にピタリとくっついてしまうのだ。

死んでしまったら、肉体がないのだから現世へは戻れない。霊界で修業し、霊界でのランクを少しでも上げることが死者にとっては重要な務めなのだ。したがって、死者を弔うとは、心安く成仏し、未練なく霊界で修業してくださいと報告することであって、決して「現世に戻ってきて」と願うことではないのだ。

このあたりをはき違えると大変なことになるので注意が大切だ。

多くの人々が亡くなった事故現場や戦死者が埋葬されている墓地、海難現場や山岳遭難地点……いろいろあるが、やはり、妙な同情心は禁物だ。やるのだったら徹底した浄霊供養をすべきだ。

ところで、戦争中に死んでいった兵士たちの霊たちのことだが、ご参考までにちょっと詳しく説明しておこう。

なんでもそうだが、死ぬ間際の心が大切で、「天皇陛下万歳」「御国のために死ぬのだ」「みごと散って、英霊となりて祖国を守らん」……という思いで死んだ人々は、英霊となり、天照大御神や忠霊がじきじきに霊を救済されている。

というのは、この世に「残念がない」、つまり念が残らず、実にきれいさっぱりとあの世へ行っておられる。これは、死ぬ際のひとつの心得でもある。

だから、同じ戦死者でも「残念だ」「死ぬのはいやだ」「助けてくれ」「苦しい」……といった思いを胸に抱いて死んだ人々は、やはり念が未だにこの世に残っている。したがって、遺骨収集は、単なる霊の慰めや自己満足からするのではなく、真剣に供養し霊を楽にしてあげなければならない。

そういった霊界法則、霊的事情を知った人々が真の慰霊団を結成することを私は切に望んでいる。

それはさておくとして、実際に遺骨収集などに参加したならば、

「この世に未練なく、早く霊界修業の旅へ発ってください」

これだけでいい。なんとなく冷淡なようだが、霊界法則から見れば死者にとっても、肉体を持って生きている人間にとっても、これがベストの弔い方だ。深情けは両方にとって禁物なのだ。

## つく名前、つかない名前

はっきりいって、名前は運勢に影響する。だが、悪い名前をつけられたから、運勢が

低迷するかというとそうとばかりは言い切れない。気にしすぎて、悪い想念にとらわれてしまうほうがもっとよくない。

親はいろんな思いを込めて、子どもに名前をつけるものだ。大切なのは、両親の願いが託された名前に負けないよう、一生懸命頑張ること。そうすれば、「頑張るゾ！」という想念のほうが圧倒的に強いので、少々名前の運勢が悪くても、それは関係なくなる。

さて、名前だが、一般的には画数、陰陽、木火土金水、字の意味などで鑑定するが、案外知られていないのは音の世界である。なるべく名前の最後が伸びる音になっているほうが、将来性があり、運気も向上する。

あまり感心しない漢字としては、草花の名前や春夏秋冬。それに、彦、義、千などの字だ。

彦というのは異性問題で一～二回は必ずトラブルを起こす漢字。義というのは裏切れる字。そして千というのは女性ならば後家さんの相を示し、この字もまた、異性運はよくないとされている。

また、名前の最後が「し」や「じ」「ず」で終わるのも考えものだ。よいのは「ン」あるいは伸びる音で終わる名前。〝運がつく〟という語呂だが、意外と語尾にウンのつくのはヒット商品となったクスリの名前などに多い。

## 印鑑はツゲがよい

では、もうひとつの身近な存在で運勢のカギを握っていると思われる印鑑についてだが、これは高額ならばいいというものでは決してない。

ましてや、金もうけのみの目的で値がつりあげられていると思われる印鑑など、逆に悪い霊が付着していることが多いので注意が必要だ。値の張る印鑑の代表格として、象牙、水牛などがあるが、この両者はよくない。手軽で使いやすく、しかも邪気がこもっていないのは「ツゲの印鑑」だ。これなどはセットでも安く買える。

もちろん、一般的に言われるように、縁の欠けたものや字のかすれたものは、見た目にもよくないし、運勢を下げるので早めに交換したほうがよい。

ツゲは木なので、欠けやすいしまた、長い間何度も使用しているとすり減ってくる。しかし、それはそれでいい。欠けたり減ったりすればまた、新しいものを買って心機一転すればいいのだ。印鑑は生きているので、新陳代謝があったほうがいいのである。

神霊的な目で印鑑を見ると、それを作った人の〝気〟と使う人の魂がその中に凝縮されている。金もうけのみで作られ使われるものには、キツネやタヌキ、とぐろを巻いたヘビなどがついている。

人々の幸福を願いつつ使用されて、運勢がよくなると、印鑑もすがすがしい雰囲気をつくり出すものである。逆の場合は、魂が呻吟している姿があらわれる。

これは余談だが、以前ラジオ番組の中で、「印鑑神通」をやったことがある。どういうものかというと、その人の印鑑にさわるだけで、その人の人生を見てしまおうというものだ。なぜそんなことができるのかといえば、印鑑の中に分魂が閉じ込められているからだ。そのほか、印鑑に幸運の〝タネ〟を植えつける秘法などもやった。

しかし、この開運策は補助的なもので、決定的なものではない。また、私は印鑑屋さんではないので、印鑑の製作はできない。

ところで、印鑑より名前のほうが、また、名前より生年月日のほうがその人の運勢には影響をおよぼしている。そして、なによりも日々の考え方と生き方が、その人の運勢に最も大きく影響する。だから、生き方を前向きに、発展的にするのが第一である。もし、印鑑が気になるのなら、すぐに印鑑を変えよう。名前が気になるのなら、名前も変えよう。

生年月日による星の運命が気になるのなら、これも、実は変えることが可能なのだ。

# 第五章

# 正しい〝神だのみ〟に使うマーク

# マークはこうして使う

この章は〝特別コーナー〟として設けた。

本を買った人のみが見ることを許される、特別袋とじページの中には、大小あわせて二二個の、不思議な形をしたマークが入っている。私は、このマークを『神界幸運ロゴ』パワーマークと命名した。

パワーマークと言うぐらいだから、このマークにはパワーがこもっている。いや、正確に言うならば、神霊星世界からの霊的波動をキャッチする、一種の〝受信装置〟であり、それだけで神霊を呼び寄せてしまう、古代の神霊文字だと考えていい。

ラジオやテレビは、目に見えない電波をキャッチして、それを映像や音声にしてしまう。それと同じように、『神界幸運ロゴ』パワーマークも、幸運の星からやってくる霊波を受信、私たちが感じる具体的なパワーとして地上にあらわしてくれるのだ。

今流行している六芒星の形に一脈通ずるものがあるが、この『神界幸運ロゴ』パワーマークも、使用する人間がそれを信じないと、パワーは発生しないようになっている。どんなに高性能のテレビやラジオがあっても、バッテリー源がなければ、ただの鉄の塊にすぎないのと同じだ。つまり、信じる力が、電源となる。

では、使い方を説明しよう。

使い方といっても特別難しいことはなにもないので、誰でも簡単にパワーを得ることができる。まず、とりあえず、自分が今一番ほしいと思っているパワー発生のマークを見つけ出し、コピーをとってそれを机なり壁なりに貼ってみる。もちろん、あまり、騒々しい場所はよくないので、なるべく静かなところがいいだろう。

さて、これからである。

①図の中心を、最低一分間は見続ける（霊的に鋭い人は、マークが金色、あるいは薄紫色にピカピカ光っているのがわかるだろう）。目の奥から自分の潜在意識の中に、マークが刻印されるようなイメージで見ればいいだろう。

②すでに、目的は達成された、という思いをつくる。一分間見続けたあと、パワーが全身を包み、すでに願いはかなったんだ、という意識を強く持つようにする。「すでに○○は成った！」と口に出すのもいいだろう。

③マークが意識の中で「生きている」と感じるようにする。つまり、神霊星世界のパワーが脈打っていることを信じるわけだ。

④マークの用途と合致するパワーコールを唱え、本文の内容を実践すれば、強運作用は倍加される。

たとえば、守護霊合体マークと「センテン　ナム　フルホビル」。幸運招来マークと、十言《とこと》の神咒《かじり》「アマテラスオオミカミ」。あるいは「ハルチ　ウムチ　ツヅチ」。観音様の導きで配偶者や恋人を見つけることができるマークと「センテン　ナム　フルホビル」。また、地獄で無条件に救われるマークと、先祖供養の項などである。

応用範囲は広いので、自分なりに工夫することができる。

以上、四つのポイントを押さえながら、マークを活用する。もちろん、小さくコピーして常に身につけていてもいい。

「本当に、神霊星世界のパワーが来ている」と信じる力の強さに応じてパワーの強さは変化する。強く信じれば、強いパワーが得られるというわけである。

「本当かなあ、信じられないなあ」

などという思いでいくらマークを見続けても、時間の無駄になるだけだ。パワーなど得られない。

また、このパワーを他人に向けて〝発射〟したりすることもできない。つまり、信じて行った人のみが得られるパワーなのである。そして、言うまでもないことだろうが、これを悪用する目的で使うと、必ずや「天罰」が下ることになるので、「マークで視力をアップさせ、女子更衣室をのぞく」などと考えてはいけない。

もうひとつ。

このマークを、他人に売るためにコピーしたりしてもダメ。ましてや金もうけをする、などというのは論外である。

なお、このマークのほとんどはすでに意匠登録、商標登録出願済みであり、それ以外のものもすべて申請中であるので、個人で使用するのみに限っていただきたい。なお、この中のいくつかのロゴマークについては、現在、身体につける金、銀の神界幸運ロゴ製品を作っている。銀は精神面、金は物質面で強い霊的作用をもたらす。希望者は左記へ問い合わせてみるか、カタログを請求されるのもいいだろう。すでに、私自身が実験してすごいパワーを体験している。

☆生活文化事業部…☎フリーダイヤル０１２０・５３１・５１３

受付時間　午前10時〜午後7時（年末年始を除く）

## このマークはどこからきたか

国家、企業、スポーツチームを問わず、たいていどこの団体にも、それにふさわしいマークというものがある。マークには、その団体のパワーや思想、志《こころざし》などが込められている。強いスポーツチームのマークからは、強い印象を受けるのと一緒で、マークとその母体との関係は表裏一体となっている。

では、このマークは一体、なにを母体としているのだろうか。そのパワーからうかがえることは、地上のものではない、ということだ。

すでに、これまで述べてきたことを、総合的に考えるとおわかりになると思うが、これらは神霊世界に存在するマークであり、私がアンドロメダ天界を訪れたとき、神様から「本人の魂の潜在能力を高め、神霊界の神気や波動をもたらすコンピューター言語、あるいは合図だと思えばよい」と教えられ、授けられたものばかりである。

しかも既に〝効果〟を確かめたもののみを公開した。

霊感の鋭い人は、星の霊波動をマークがキャッチしていることがわかるだろうし、また、神霊世界の〝香り〟のようなものも、マークに漂っていることを感じるだろう。

使用するときは必ず、〝星の霊波動を受けている〟と信じるようにすれば、より一層の効果が期待できる。

本来なら、もっと詳しく「神界幸運ロゴ」について説明しなければならないのだが、紙幅も少ないため、機会を改めて説明したいと思う。

しかし、実際に活用する場合は、ひたすら信じることが大切で、そしてこのパワーを多くの人々の幸せのために役立てることが重要である。

●袋とじページ●

〈バラバラな考えをまとめる〉

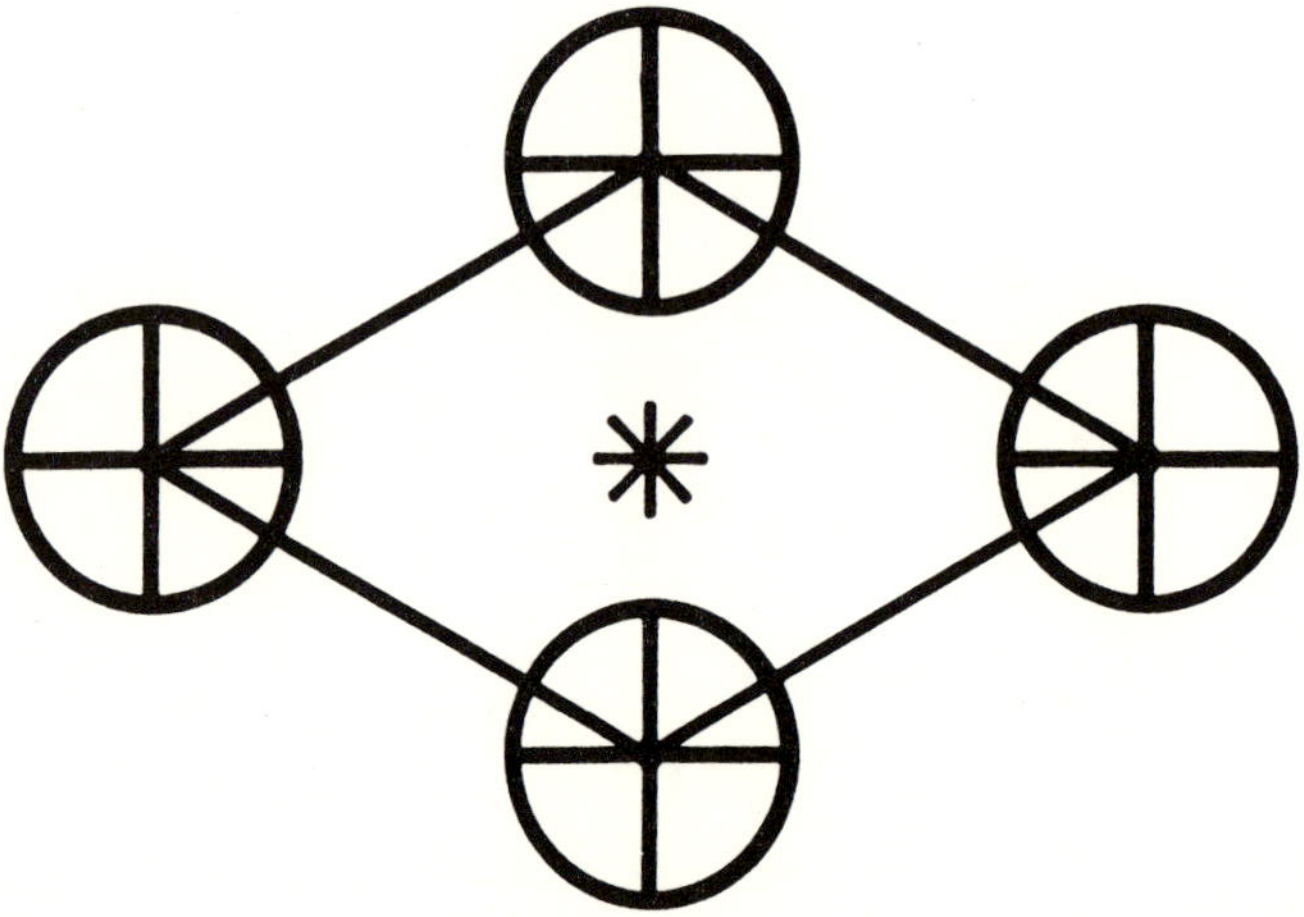

〈真理発見の知恵が湧く〉

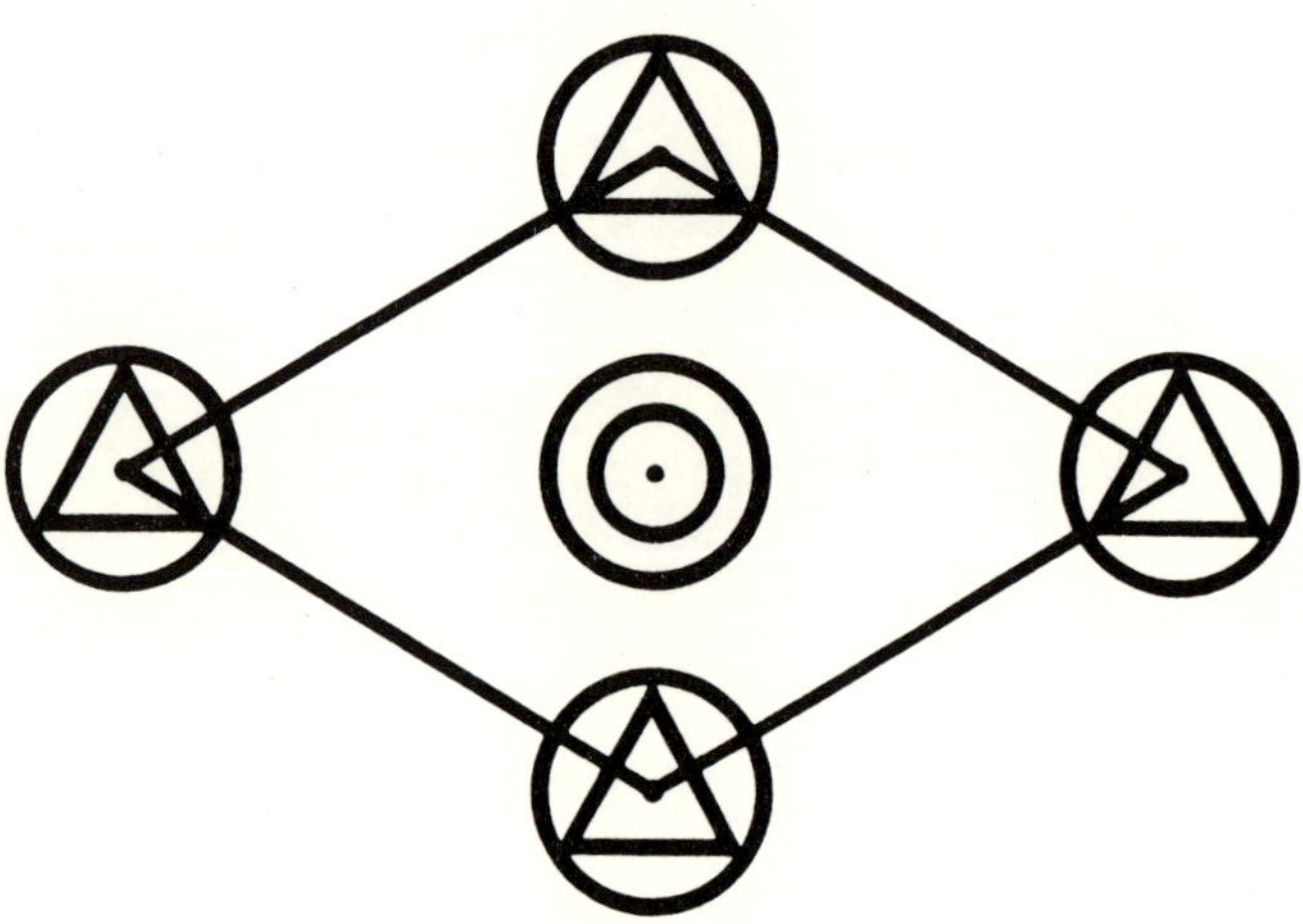

〈地獄で救われる〉

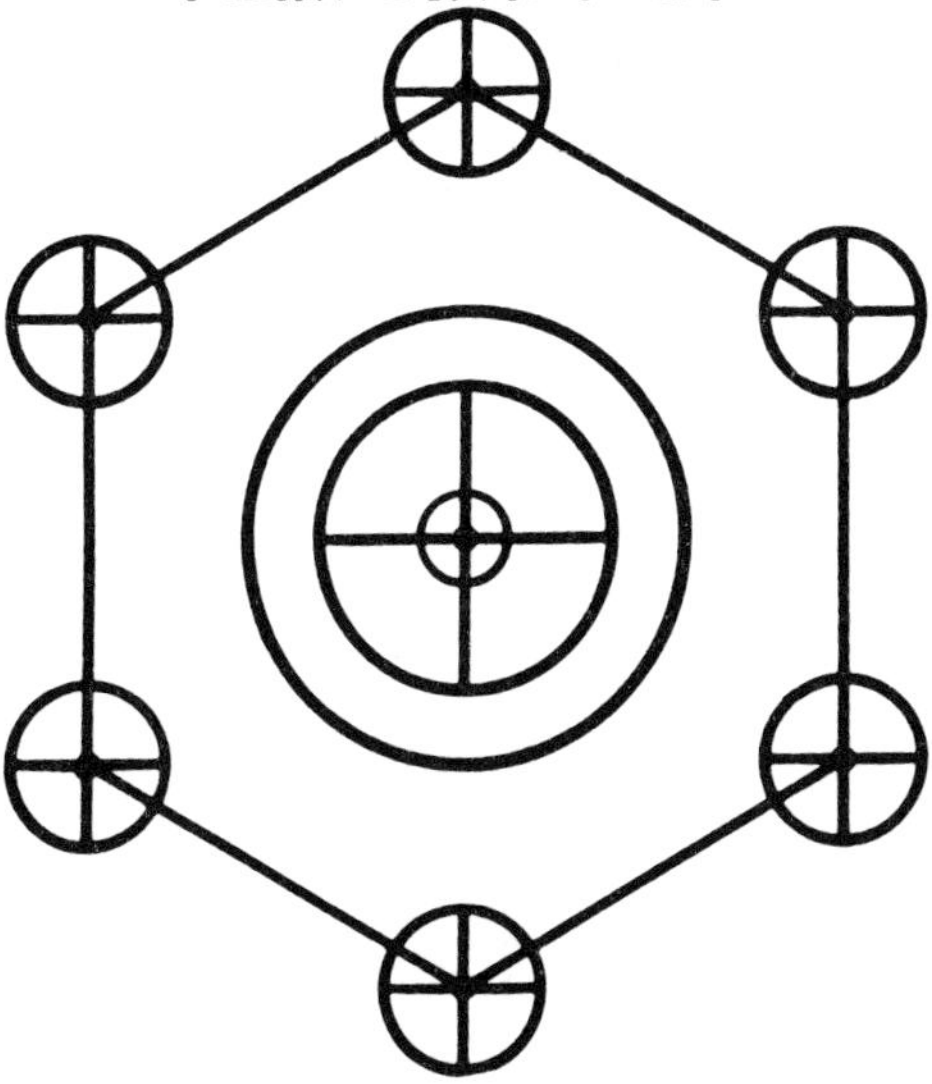

（仏壇や位牌の裏に貼るとよい）

〈事業が上向く〉

〈配偶者、恋人を見つけ出せる〉

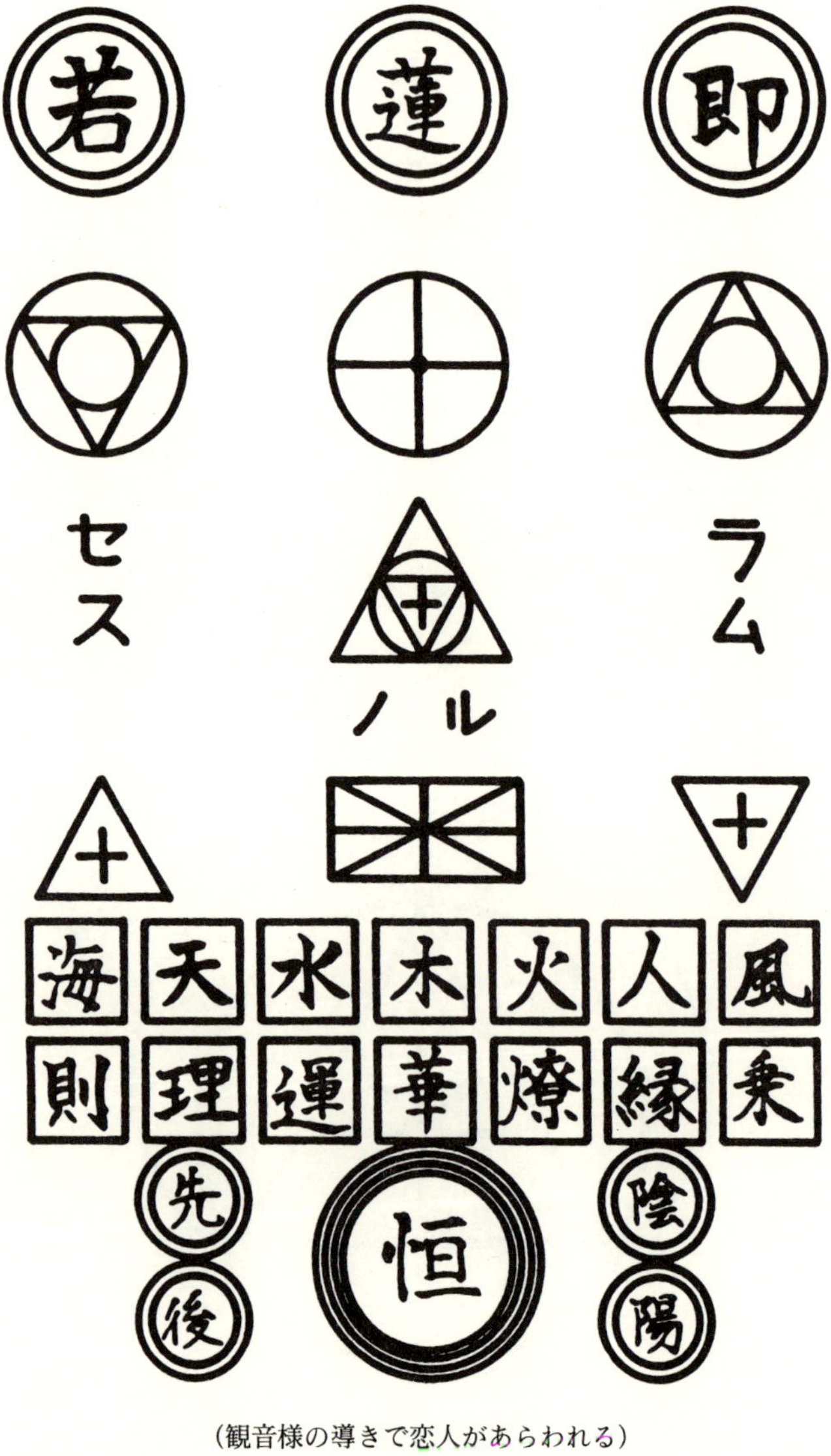


（観音様の導きで恋人があらわれる）

## 〈女性用・守護霊パワーアップ〉

（悪霊を祓う力がある）

〈健康運が向上する〉

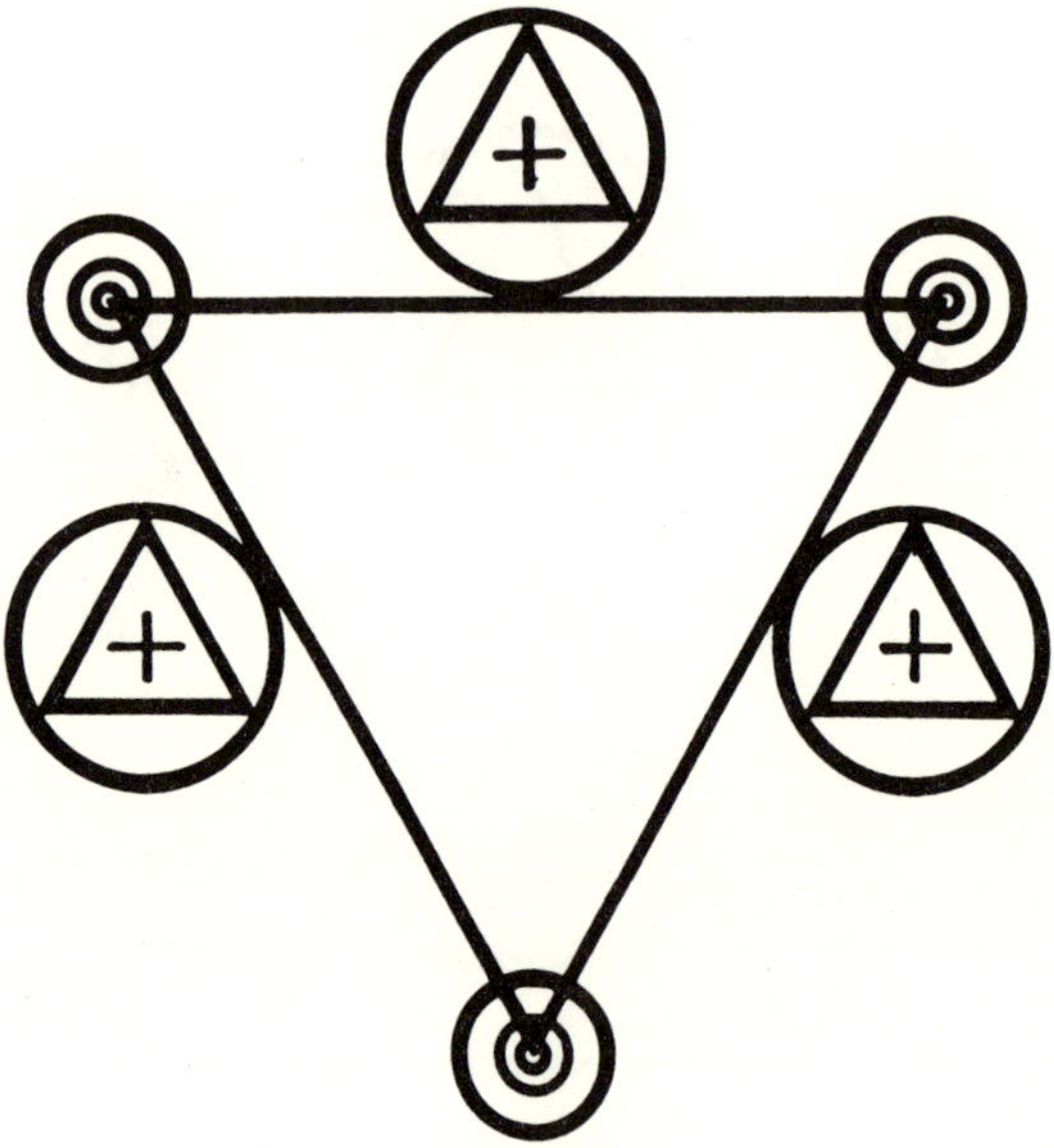

〈目覚めを促す〉

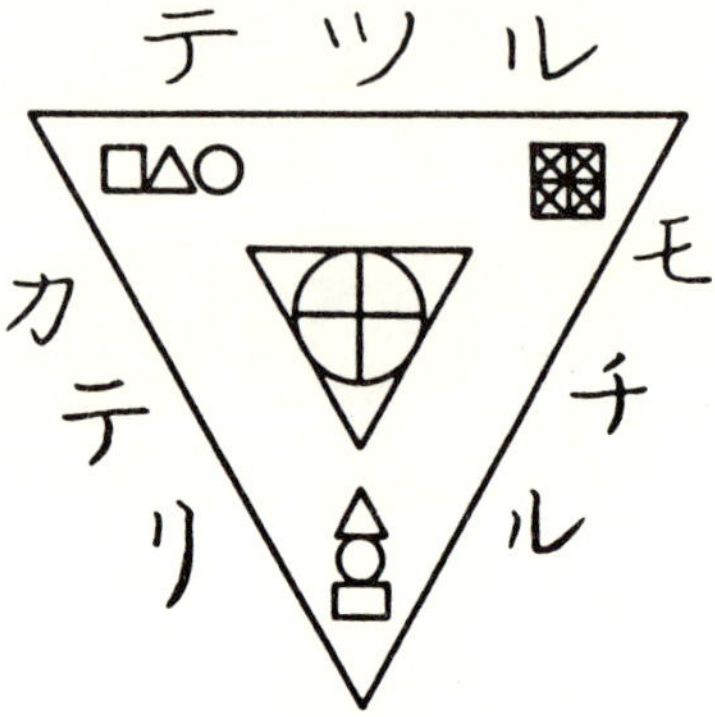


（〝眠り〟と一緒に見ないこと）

〈新しいものを産み出す〉

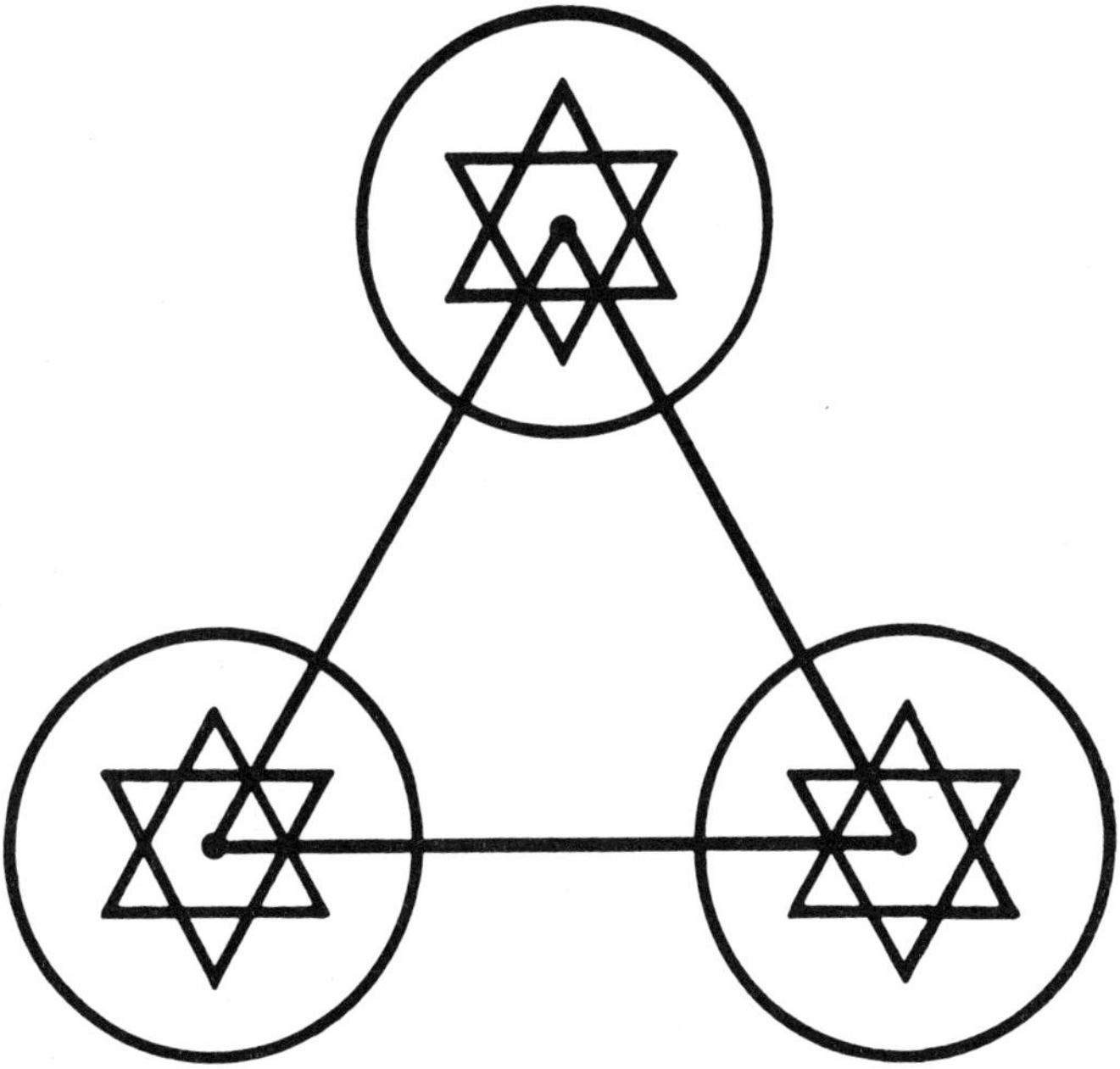

〈眠りを促す〉

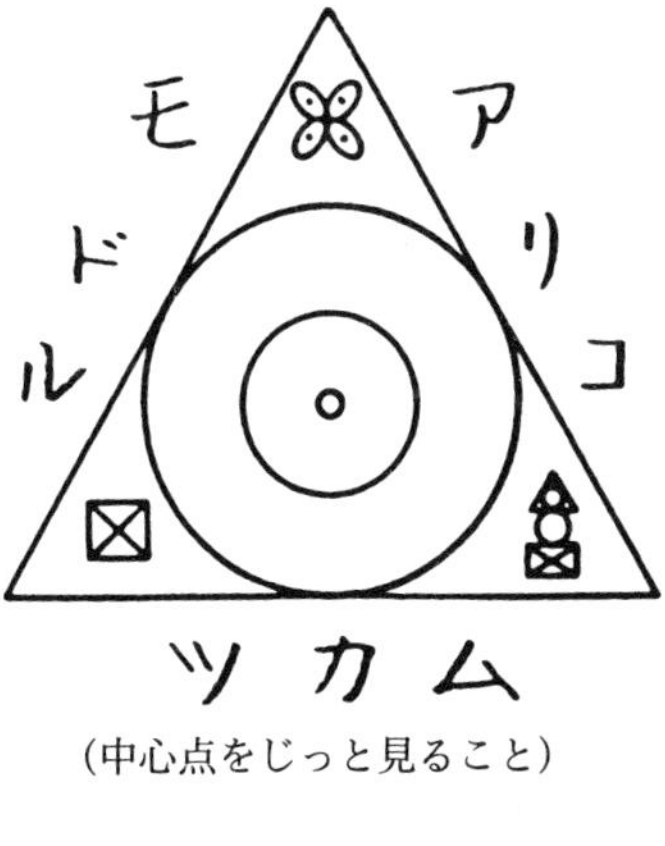


（中心点をじっと見ること）

〈守護霊団合体パワーアップ〉

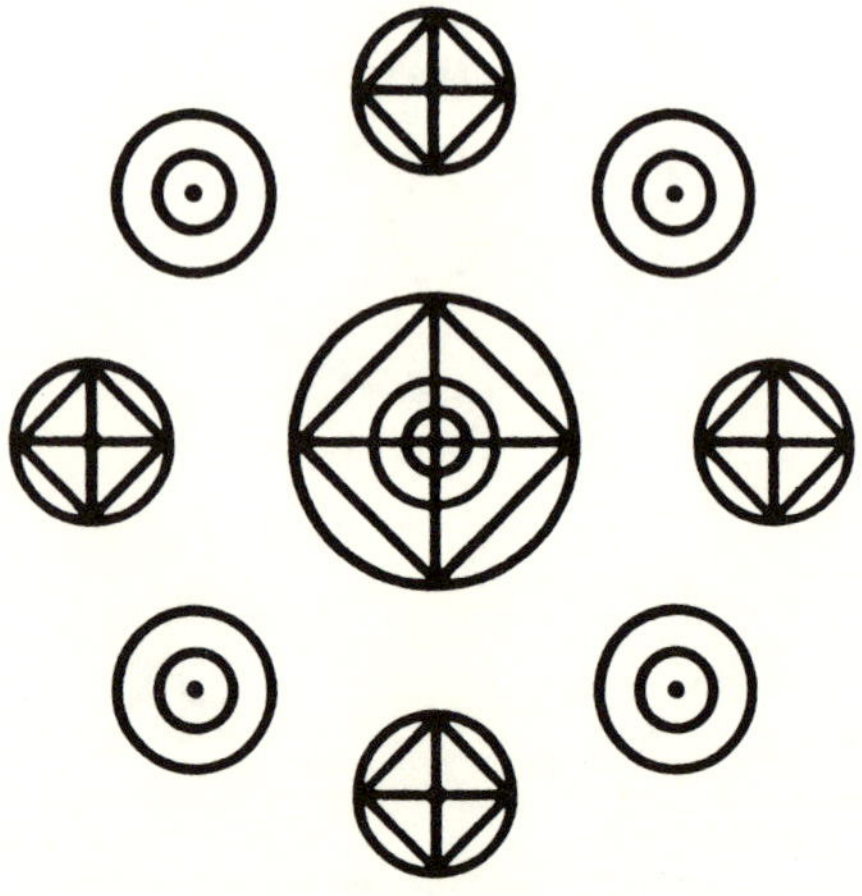

〈人と仲よくできる〉

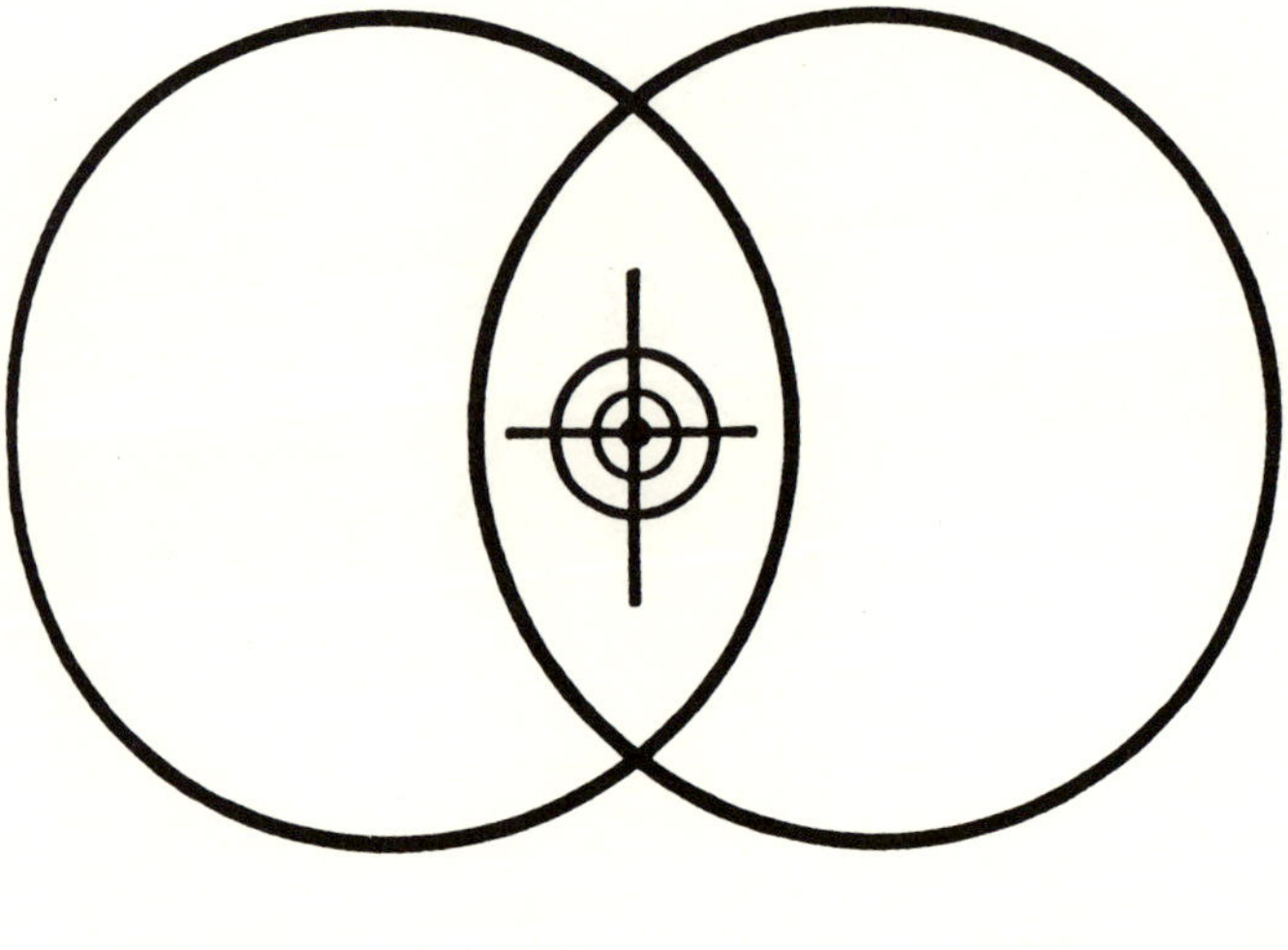

〈大事な場面で能力を発揮する〉

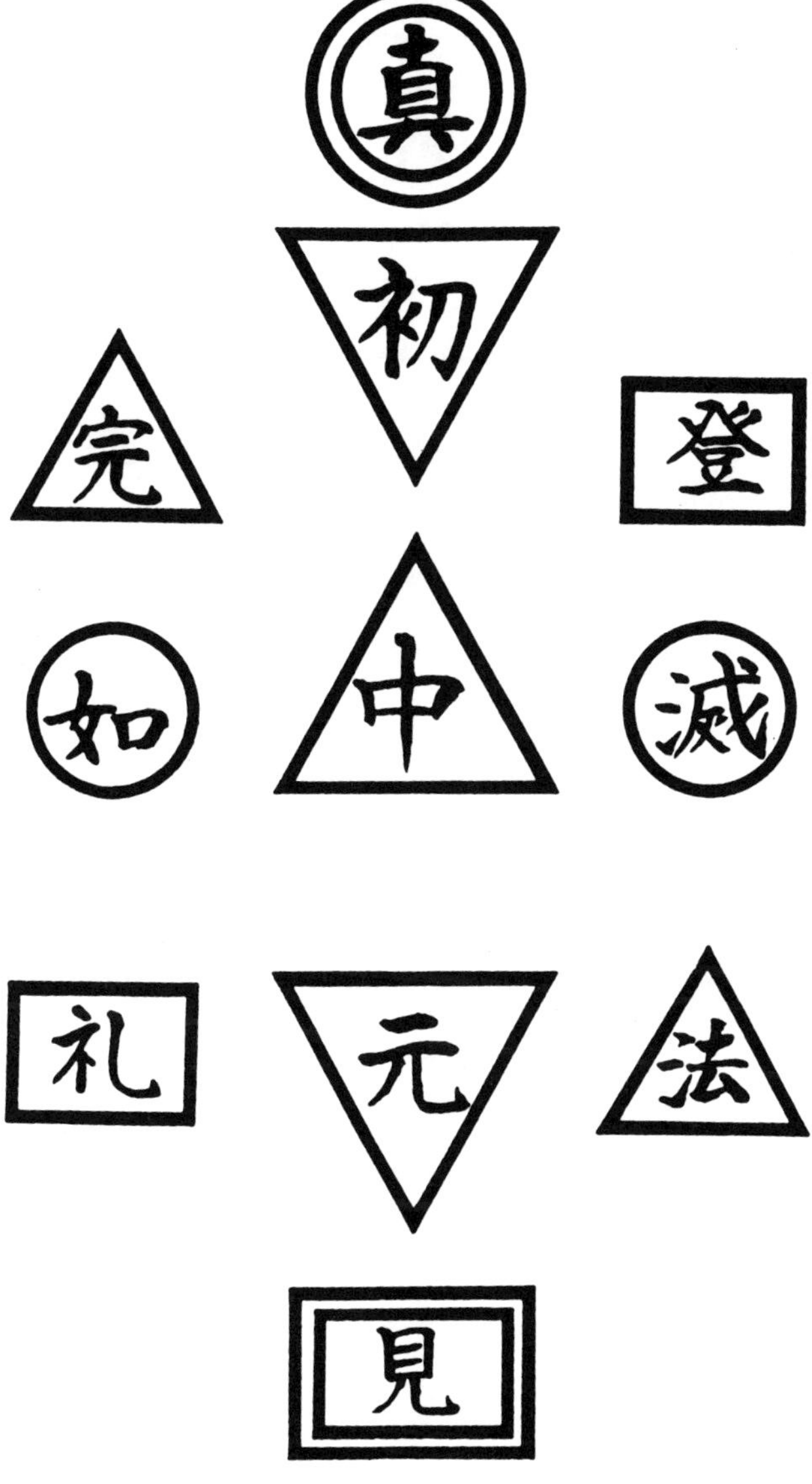

〈胃腸を丈夫にするお守り〉

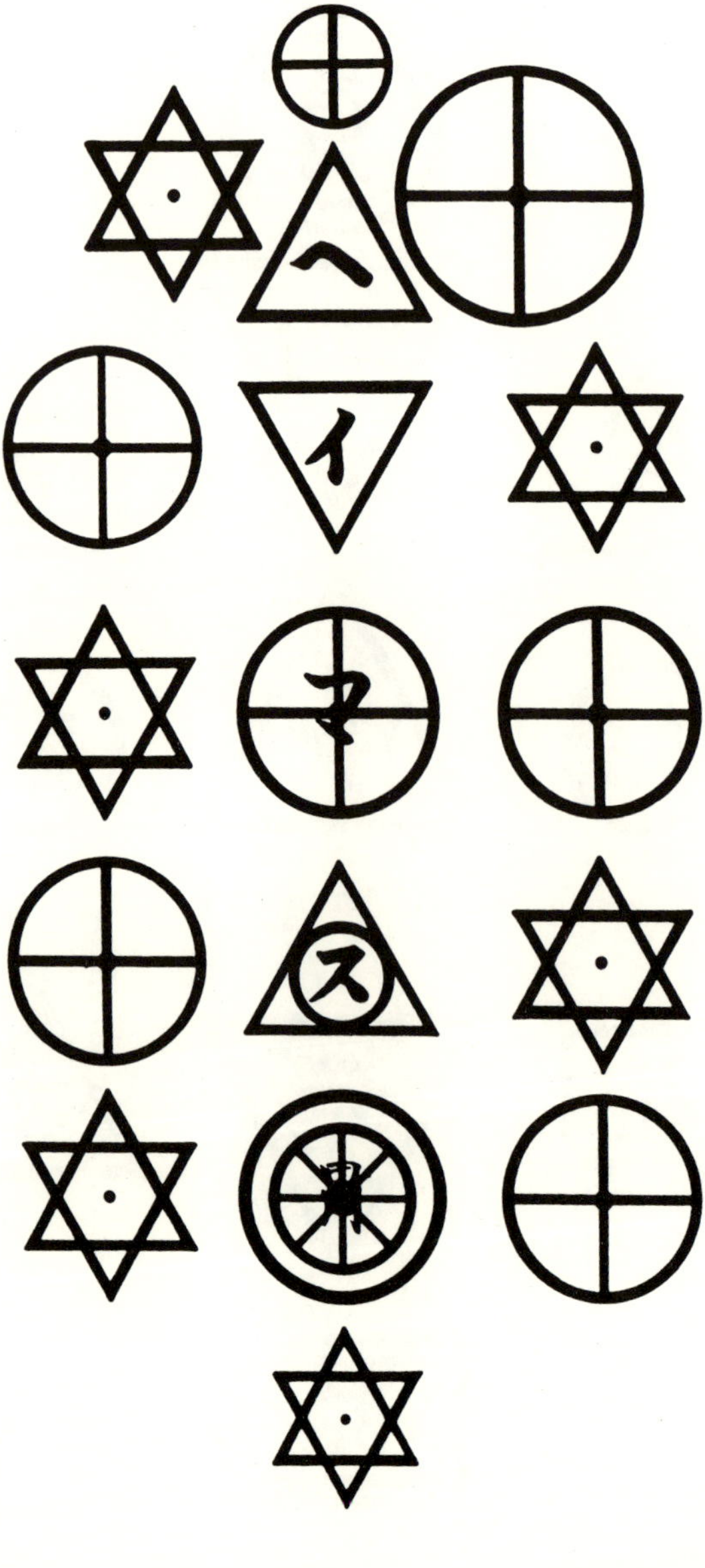

〈ガンを避けるお守り〉

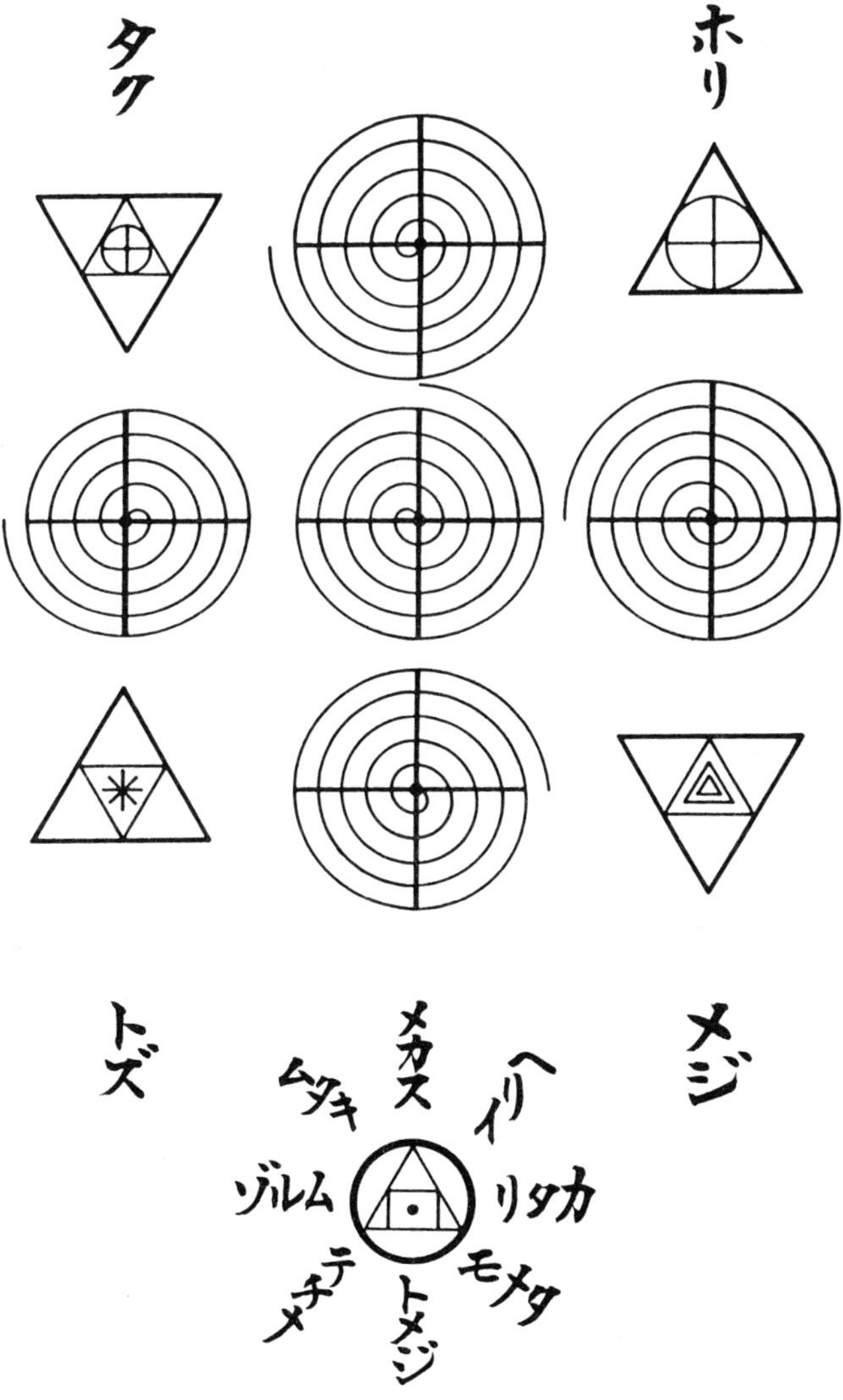

〈金運を呼べる〉

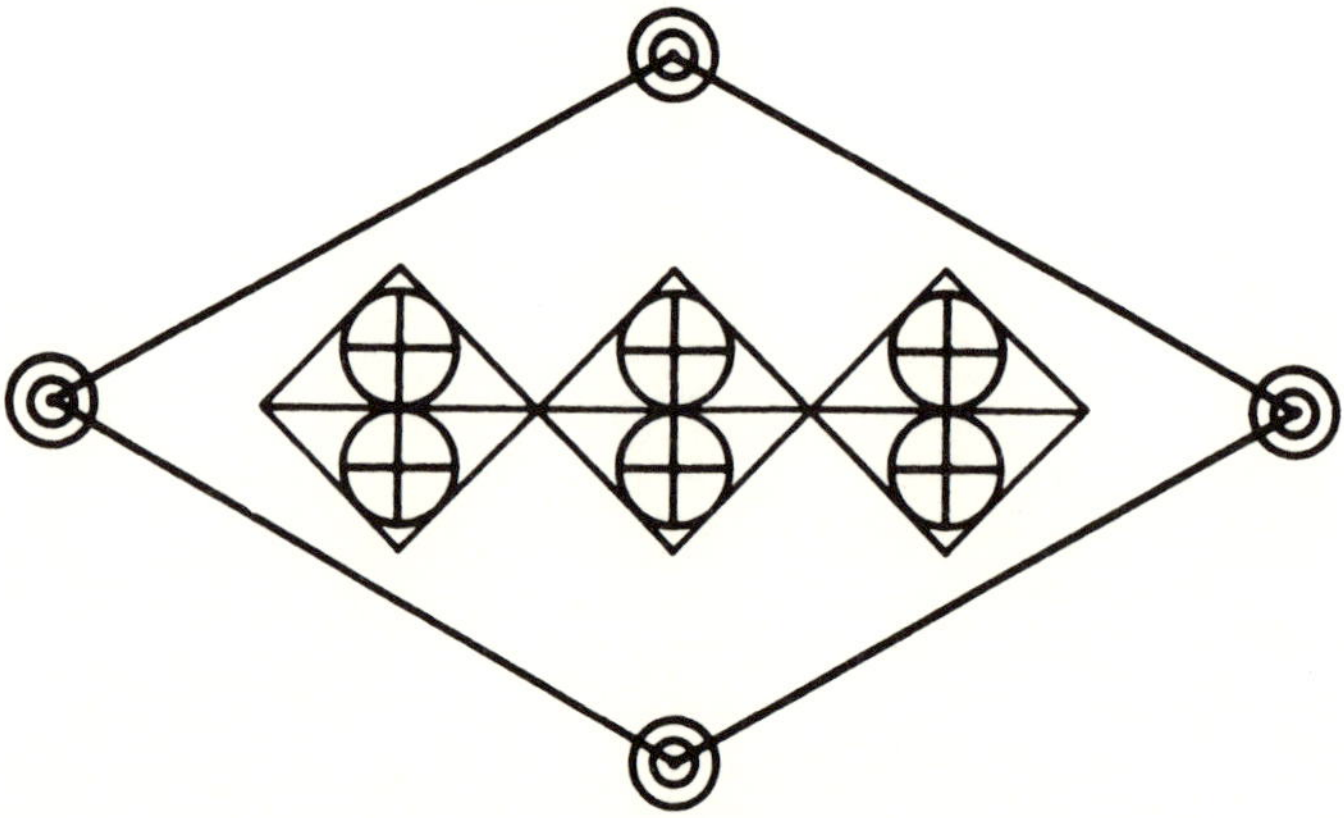

（左右の手をクロスして、小指を左右の二重丸に当てる）

〈災いを防ぎ福を招く〉

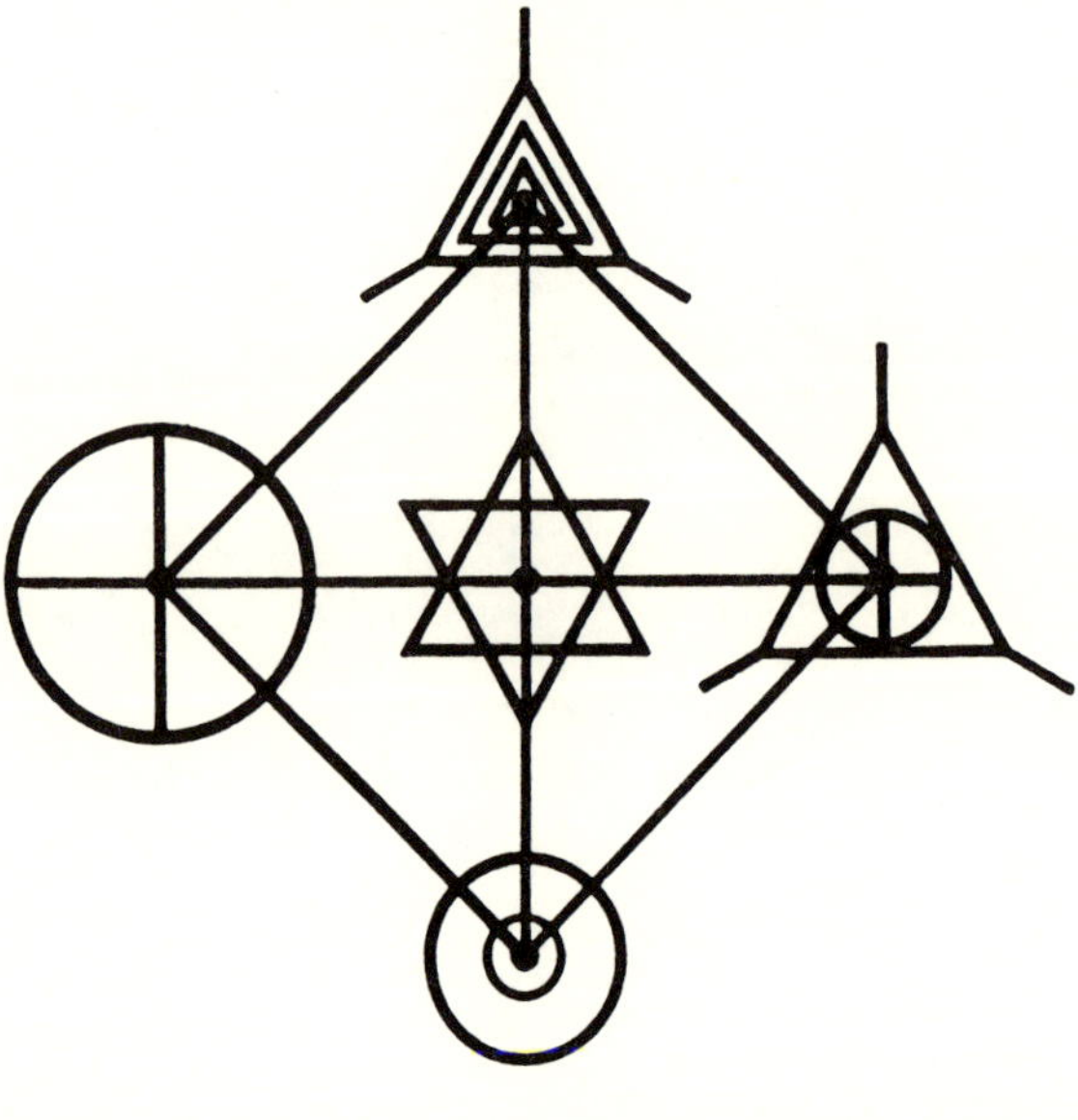

## 〈観音様が近づく〉

（「乙」部分を中心に見ること）

〈幸運が呼べる〉

〈人が集まる〉

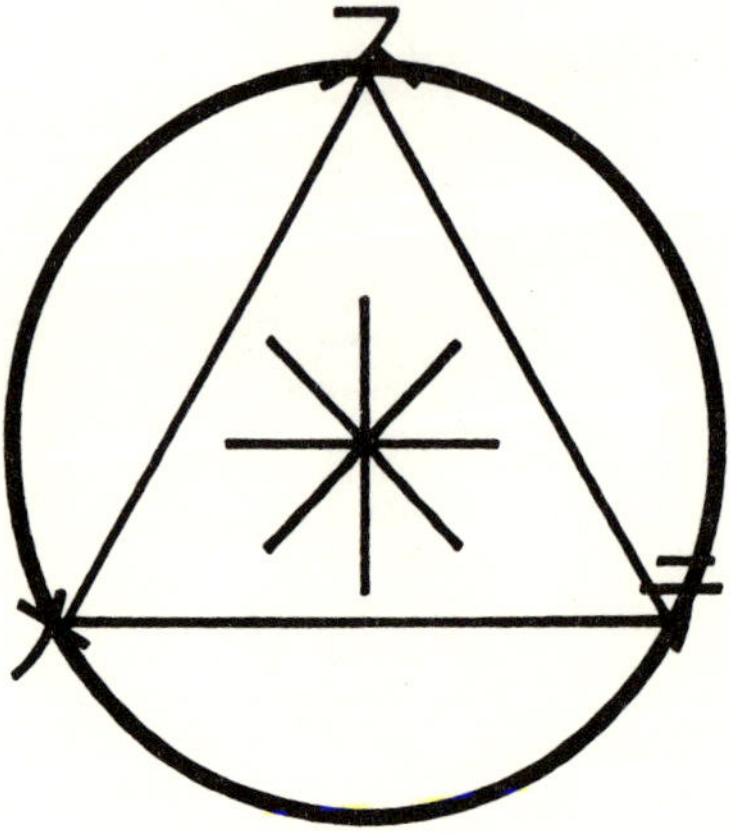

〈乱視、近視、遠視、弱視が改善される
——目が気持ちよくなる〉

〈神霊集中力がつく〉

# 深見東州
## (ふかみ とうしゅう)
## プロフィール

本名、半田晴久。別名 戸渡阿見《ととあみ》。1951年に、甲子園球場近くで生まれる。㈱菱法律・経済・政治研究所所長。宗教法人ワールドメイト責任役員代表。

著作は、189万部を突破した『強運』をはじめ、ビジネス書や画集、文芸書やネアカ・スピリチュアル本を含め、320冊を越える。CDは112本、DVDは45本、書画は3546点。テレビやラジオの、コメンテーターとしても知られる。

その他、スポーツ、芸術、福祉、宗教、文芸、経営、教育、サミット開催など、活動は多岐にわたる。それで、「現代のルネッサンスマン」と呼ばれる。しかし、これらの活動目的は、「人々を幸せにし、より良くし、社会をより良くする」ことである。それ以外になく、それを死ぬまで続けるだけである。

海外では、「相撲以外は何でもできる日本人」と、紹介される事がある。しかし、本人は「明るく、楽しく、面白い日本人」でいいと思っている。

(2023年6月現在)

合上、ひとつひとつの含意や体験談を載せられなかったのは残念である。神界からの許しをいただいたマークも一部しか紹介できなかった。次の機会を楽しみにしていただきたい。

深見　東州

あり、それが他人の不幸や、死後、霊界における不幸になることが問題なのである。むろん、ご利益のみを追求しても無駄である。よい結果を得ようと思うなら、それにふさわしい準備と努力が必要である。それは、スポーツにしても勉強にしても同じ、宇宙の法則のようなものだ。

また、たとえ現世で努力をして幸運に恵まれ、なに不自由ない優雅な生活をしたとしても、口と心と行いが豊かで明るく、徳を積んでいないのなら、死後、極楽浄土の住人となることはできない。それよりも、〝貧者の一灯〟のことわざどおり、貧しいながらも一生懸命に心豊かに生きるなら、たとえ現世で恵まれなかったとしても、死後、幸福が待っているだろう。だが、願わくば、現世でも豊かで幸せに過ごし、死後も幸せでありたい。本書は、そういう〝欲張り〟な人々のためのものである。

同じ苦労をするのなら、幸福、幸運、強運にむすびつく苦労のほうがいい。

同じ人生なら、暗くジメジメするより、明るくハッピーなほうがいい。

読者諸氏が、本書をヒントに、強運を得、ますます幸せになっていただければ本望である。

第五章の「神界幸運ロゴ」だけでも、十分幸福のチャンスは巡ってくるが、紙面の都

とんどである。
運・不運を厳密に見ると、すべての原因は、前世と家（祖先）の因縁によるものがほ
したがって、運をよくしようと思えば、因縁、あるいは因果をよい方向へもっていけ
ばいいわけで、理屈だけを考えると非常に簡単である。では、因縁はどこにあるのかと
いえば、決してこの宇宙空間に漂っているわけではない。自分自身の性格、あるいは行
いのすべてに内在するのである。だから、因果を改めて運をよくするためには、そうい
う意味で、今の自分自身を変えるしかないのである。
自分を変えるとは、つまり、口と心と行いを改め、生き方を定めて徳を積むことであ
る。この点だけは忘れないでほしい。
本書はタイトルでもある「強運」を得るためのハウツーを、霊的視点からまとめた。
単純に表面だけをなぞると、ご利益本、あるいは〝お蔭信仰特集〟のように思われるか
もしれないが、それは間違っている。強運を呼び込み、幸福を得ることは主神《すしん》の御心で

ハードカバー版　**強運**

平成24年３月15日　初版第１刷発行　　　　定価はカバーに記載しています。
令和５年６月30日　初版第11刷発行

著　者　深見東州
発行人　杉田百帆
発行所　株式会社　TTJ・たちばな出版
〒167-0053　東京都杉並区西荻南2-20-9　たちばな出版ビル
TEL 03-5941-2341（代）　FAX 03-5941-2348
ホームページ https://www.tachibana-inc.co.jp/
印刷・製本　萩原印刷株式会社

ISBN978-4-8133-2411-9

## スーパー開運シリーズ

各定価（本体1000円＋税）

●189万部突破のミラクル開運書—ツキを呼び込む四原則

**強　運**　深見東州

あなたの運がどんどんよくなる！

仕事運、健康運、金銭運、恋愛運、学問運が爆発的に開ける。神界ロゴマーク22個を収録！

●84万部突破の金運の開運書。金運を呼ぶ秘伝公開！

**大金運**　深見東州

あなたを成功させる、金運が爆発的に開けるノウハウ満載！「金運を呼ぶ絵」付き!!

●39万部突破。ついに明かされた神霊界の真の姿！

**神界からの神通力**　深見東州

不運の原因を根本から明かした大ヒット作。
これほど詳しく霊界を解いた本はない。

●29万部突破。現実界を支配する法則をつかむ

**神霊界**　深見東州

人生の本義とは何か。
霊界を把握し、真に強運になるための奥義の根本を伝授。

●40万部突破。あなた自身の幸せを呼ぶ天運招来の極意

**大天運**　深見東州

今まで誰も明かさなかった幸せの法則。
最高の幸運を手にする大原則とは！

●29万部突破。守護霊を味方にすれば、爆発的に運がひらける！

# 大創運

深見東州

神霊界の法則を知れば、あなたも自分で運を創ることができる。
項目別テクニックで幸せをつかむ。

●46万部突破。瞬間に開運できる！　運勢が変わる！

# 大除霊

深見東州

まったく新しい運命強化法！
マイナス霊をとりはらえば、あしたからラッキーの連続！

●61万部突破。あなたを強運にする！　良縁を呼び込む！

# 恋の守護霊

深見東州

恋愛運、結婚運、家庭運が、爆発的に開ける！
「恋したい人」に贈る一冊。

●46万部突破。史上最強の運命術

# 絶対運

深見東州

他力と自力をどう融合させるか、究極の強運を獲得する方法を詳しく説いた、運命術の最高峰！

●46万部突破。必ず願いがかなう神社参りの極意

# 神社で奇跡の開運

深見東州

あらゆる願いごとは、この神社でかなう！　神だのみの秘伝満載！　神社和歌、開運守護絵馬付き。

●スーパー開運シリーズ　新装版

# 運命とは、変えられるものです！

深見東州

運命の本質とメカニズムを明らかにし、ゆきづまっているあなたを急速な開運に導く！